Charlottes musikalische Kreuzfahrt

Charlottes

musikalische Kreuzfahrt

aufgeschrieben von Christine Mellich
mit Illustrationen von Maren Barber

SCHOTT

Mainz · London · Berlin · Madrid · New York · Paris · Prague · Tokyo · Toronto

MITTELALTER
CA. 600–1400

NEUE MUSIK
20./21. JH.

RENAISSANCE
CA. 1400–1600

IMPRESSIONISMUS
UM 1900

BAROCK
CA. 1600–1750

ROMANTIK
CA. 1820–1900

KLASSIK
CA. 1750–1820

musikalische Schiffshupe

Epochenkompass

Rettungsboote

Kajüten der Komponisten

Galionsfigur

Rettungsring

Bibliografische Information der Deutschen Nationalbibliothek
Die Deutsche Nationalbibliothek verzeichnet diese Publikation
in der Deutschen Nationalbibliografie; detaillierte bibliografische
Daten sind im Internet über http://dnb.d-nb.de abrufbar.

Bestellnummer: ED 20590
ISBN 978-3-7957-0652-4
www.schott-music.com
© 2009 Schott Music GmbH & Co. KG, Mainz
Lektorat: Monika Heinrich
Satz und Layout: Martha Hammerschreck

Printed in Germany · BSS 53289

Für Jonathan und Josefine, Nina, Nele und Milli, Hellen und Leon

Kommandobrücke

Anker

Der erste Tropfen fiel. Charlotte sah über sich graue schwere Wolken, sah unter sich dunkles gekräuseltes Wasser und weit entfernt Land. Etwas großes Unbestimmtes kam auf sie zu.

„Keine Angst, Charlotte! Aber was musstest du neugieriges, geflügeltes Wesen auch aufs Wasser", sagte Charlotte laut zu sich selbst. Manchmal hilft es, in schwierigen Situationen mit sich streng zu sein – manchmal.

Charlotte versuchte, ihre nassen Flügel trocken zu flattern, und behielt dabei das große Unbestimmte im Auge. Es kam näher und näher …
Charlotte kniff die Augen zusammen – und schließlich erkannte sie es: Es war ein Schiff!
Dann begann es richtig zu regnen.

Charlottes Flügel klebten an ihrem Körper, ihre Haare wurden nass, und ihr Regenschirm füllte sich schnell mit Wasser. Ob es Tränen oder Regentropfen waren, die über ihr Gesicht rollten, ließ sich nicht genau feststellen.
Aber Charlotte wäre nicht Charlotte, wenn sie nicht nach einem rettenden Ausweg gesucht hätte. Und so nahm sie kurzerhand ihre blankgoldenen Hörhörner ab und blies abwechselnd in beide laut hinein.

Das Schiff kam immer näher, das Lächeln der Galionsfigur am Bug des Schiffes auch. Allmählich ging ihr die Puste aus.
„Wann hört mich endlich jemand und kommt mich retten!", schimpfte Charlotte, bevor sie wieder in die Hörner tutete. Ärger ist besser als Angst!

Plötzlich sah Charlotte jemanden an Deck kommen. Sie stieß aus Leibeskräften in die Hörner! Und da – endlich – wurde sie von dem Pfeife schmauchenden Mann entdeckt. Er winkte ihr zu. Charlotte winkte zurück und hüpfte übermütig im Regenschirm auf und ab. Eine wackelige Angelegenheit. Doch dann verschwand der Mann wieder.

„Er wird doch nicht denken, dass ich zum Vergnügen in diesem Regenschirm bin?" Charlotte ließ für einen Moment die Hörner sinken. Jetzt spürte sie, dass sie bis zu den Knien im Regenwasser stand. Das dumpfe Schiffsmotorengeräusch wurde immer deutlicher. Lauter und lauter und lauter. Näher, näher, näher. Als die hölzerne Galionsfigur des mächtigen Dampfers fast über ihr lachte, verstummten plötzlich die Motoren. Nur der Regen war noch zu hören. Charlotte blickte nach oben und blies noch einmal in ihr rechtes Horn.

Da erschien – so wie sonst nur Märchenprinzen plötzlich auf der Bildfläche auftauchen – ein Junge mit einer weißen Mütze. „Ahoi!", rief er, trat an die Reling, winkte ihr zu und ließ eine Strickleiter herunter, die direkt in Charlottes Regenschirm endete.

„Mein Retter!", flüsterte Charlotte. Rasch schraubte sie wieder ihre Hörner an und ergriff die erste Sprosse.

„Das war aber knapp!", schmunzelte der Retter. „Sei herzlich willkommen auf der ‚Da Capo'. Ich bin Smutje, der Schiffskoch – und das ‚Mädchen für alles'."

Charlotte reichte dem Jungen ihre Hand und machte dabei einen wackeligen Knicks: „Vielen, vielen Dank. Ich bin Charlotte. Was hätte ich nur ohne deine Hilfe getan …"

„Du hättest schwimmen gelernt!", lachte Smutje. „Aber komm schnell rein in die Kombüse. Es gibt heiße Fischsuppe für dich zum Aufwärmen."

Charlotte folgte. Es duftete so gut, es war so wohlig warm. Charlotte setzte sich erschöpft auf ein umgedrehtes Fass und schlürfte gierig aus dem dampfenden Teller. „Es schmeckt wunderbar", murmelte sie, den Mund voller heißer Suppe.

Radar

Logbuch
in der
Kajüte
des Käptens

Bruckner

Ravel

Speisesaal

Schönberg

Händel

Berlioz

Haydn

Kajüten der Komponisten

Hildegard

Gesualdo

Palestrina

Schubert

Verdi

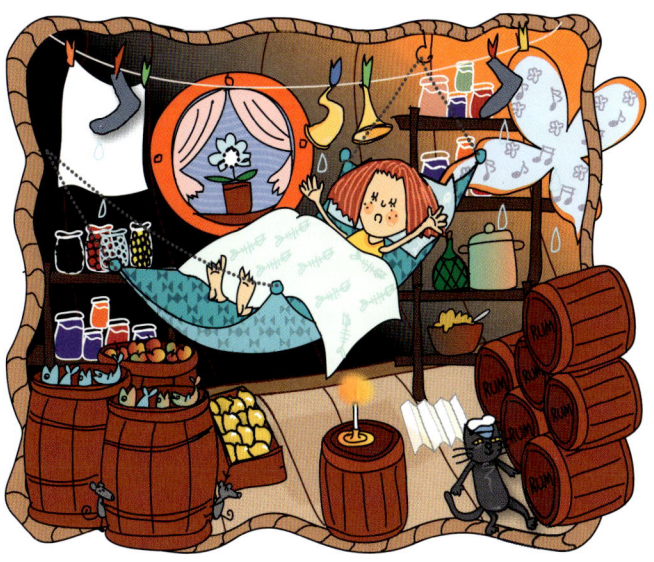

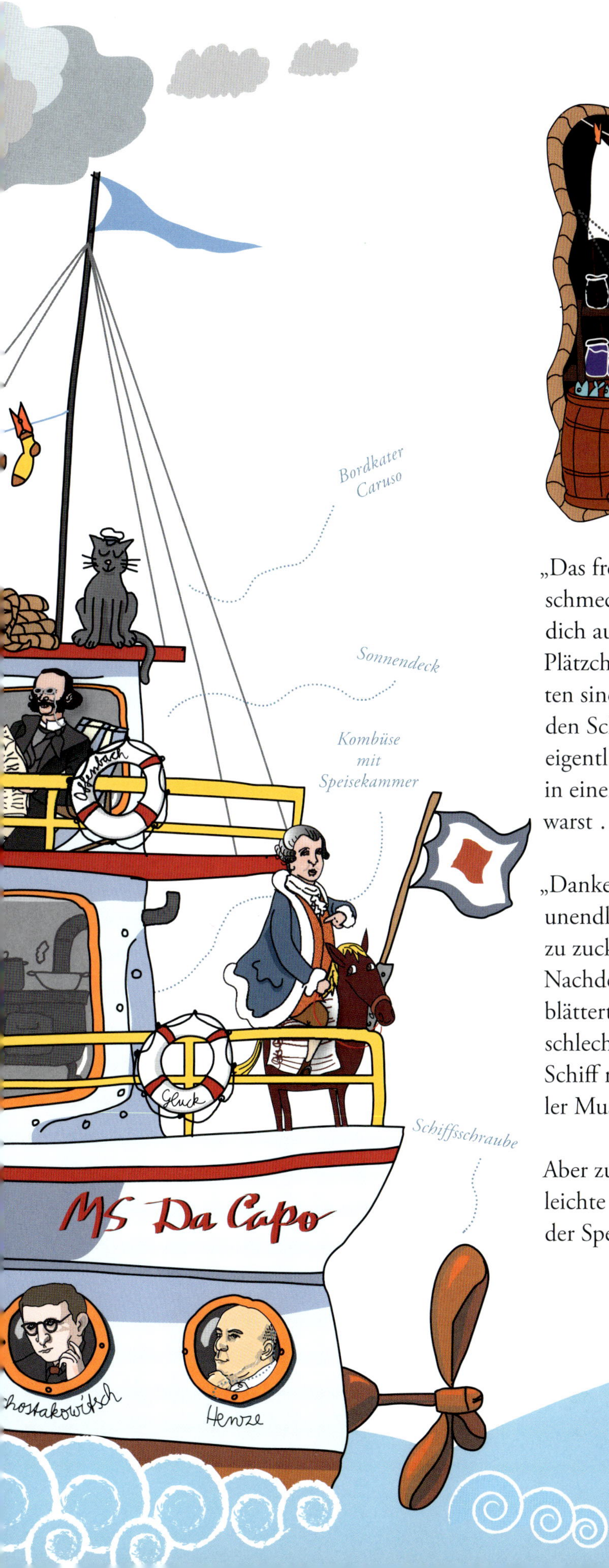
Bordkater Caruso
Sonnendeck
Kombüse mit Speisekammer
Offenbach
Gluck
Schiffsschraube
MS Da Capo
hostakowitsch
Henze

RUM

„Das freut mich. Habe ich auch mit Algen abgeschmeckt. Ich glaube, nach dem Essen täte es dir gut, dich auszuruhen. Ich habe da ein äußerst gemütliches Plätzchen für dich – in der Speisekammer. Alle Kajüten sind nämlich belegt. Als Bettlektüre gebe ich dir den Schiffsprospekt mit. Damit du weißt, wo du hier eigentlich bist. Und später erzählst du mir, warum du in einem Regenschirm auf dem Wasser unterwegs warst …"

„Danke", sagte Charlotte leise, die nun merkte, wie unendlich müde sie war. Und ohne mit den Flügeln zu zucken, folgte sie Smutje zu ihrer Schlafstätte. Nachdem sie es sich dort bequem gemacht hatte, blätterte sie den Prospekt auf. Charlotte staunte nicht schlecht über die illustre Gesellschaft, die auf diesem Schiff mitfuhr: „Lauter Komponisten! Ein Schiff voller Musik!"

Aber zum Lesen kam Charlotte nicht mehr. Der leichte Wellengang und das schummrige Licht in der Speisekammer trugen sie ins Reich der Träume.

Kapitel 1

Die Sonne schien durch das kleine Bull-Auge, Charlotte öffnete schlaftrunken ihre Augen. Da rief es aus der Kombüse: „Guten Morgen, kleine Nichtschwimmerin. Hast du Appetit auf Rührei mit Dinkelbrot und Met?" – „Ja!", rief es aus der Speisekammer zurück. Kurz darauf tauchte Charlotte auf: „Guten Morgen, mein Retter." – „Jetzt bitte keine Übertreibungen. Unser Kapitän hat dich gesehen und mir dann Bescheid gegeben. Aber das war gestern. Und heute ist heute, und ich muss nun schnell in die Kajüte von Hildegard. Es ist nämlich ihr letztes Frühstück hier auf der ‚Da Capo'. Sie wird in Bingen am Rhein aussteigen und soll doch gut gestärkt an Land gehen. Möchtest du mir helfen?" – „Aber sehr gerne. Wie ich dir überhaupt immer helfen möchte …"

„Na, du bist mir eine. Erst lässt du dich retten und dann rückst du mir auf die Pelle. Aber wat mut, dat mut. Eigentlich kann ich Hilfe gut gebrauchen. Dann muss ich mittags nicht mehr allein Kartoffeln schälen. Wir haben 15 Komponisten an Bord – und die sind ganz schön anspruchsvoll. Hier, die Kanne mit Met – die kannst du tragen und auch den Becher."

„Was ist denn Met?", wollte Charlotte wissen.

„Honigwein! Er war im Mittelalter sehr beliebt", antwortete Smutje.

Charlotte schaute erstaunt, steckte sich noch rasch ein Stück Brot mit Ei in den Mund und folgte Smutje auf den Gang hinaus. Interessiert blickte sie sich um. „Es ist hier wie in einem schwimmenden Hotel!", rief sie aus. Da blieb Smutje schon vor einer bogenförmigen Holztür stehen und klopfte an.

Die Tür öffnete sich. Vor ihnen stand eine Frau, die ein langes dunkelblaues Gewand trug. Ein helles Tuch bedeckte ihren Kopf. „Guten Morgen", riefen Charlotte und Smutje wie aus einem Mund.

„Oh, wie schön, mein Frühstück! Guten Morgen. Tretet ein." Während Smutje das Essen hereintrug, betrachtete Charlotte staunend die als Nonne gekleidete Frau.

„Darf ich vorstellen: Das ist Charlotte, unsere blinde Passagierin", sagte Smutje.

„Angenehm. Ich bin Hildegard. Und was sehe ich da? Dinkelbrot hat Smutje für mich gebacken." Hildegard war gerührt. „Na, ich dachte, ich erfreue Sie noch ein letztes Mal. Dinkel – das weiß ich ja – ist Ihr Lieblingsgetreide." Smutje strahlte.

„Ja, ja", kam Hildegard ins Schwärmen, „der Dinkel ist das beste Getreide, und er ist kräftig. Er macht den, der ihn isst, gesund, und er macht frohen Sinn im Gemüt des Menschen. Und wie auch immer die Menschen ihn essen, sei es in Brot, sei es in anderen Speisen, er ist gut und mild."

„Oh, das klingt interessant, ich würde gerne noch mehr über Dinkel, Met und das Mittelalter erfahren." Charlotte sah Hildegard bittend an.

„Na, dann komm mal zu mir. Hier in dem Logbuch steht so manches über mich geschrieben. Ich muss jetzt aber meine sieben Sachen zusammenpacken. Denn wenn die Schiffshupe einen meiner geistlichen Gesänge erschallen lässt, ist es Zeit für mich, das Schiff zu verlassen und in mein Kloster zurückzukehren."

„Schiffshupe, geistliche Gesänge, was ist damit gemeint?" Charlotte schüttelte verwundert den Kopf.

Smutje lachte: „Jeder Gast wird mit einer seiner Kompositionen verabschiedet – von unserer musikalischen Schiffshupe. Eine kleine Aufmerksamkeit sozusagen." Charlotte nickte sprachlos. Dann winkten die beiden Hildegard und gingen zurück in die Kombüse. Dort setzte sich Charlotte auf ein umgedrehtes Rumfass und schlug das Logbuch auf.

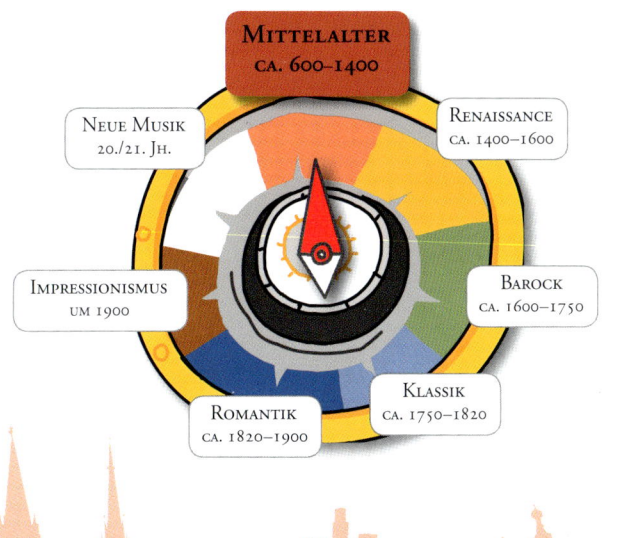

MITTELALTER
CA. 600–1400

NEUE MUSIK
20./21. JH.

RENAISSANCE
CA. 1400–1600

IMPRESSIONISMUS
UM 1900

BAROCK
CA. 1600–1750

ROMANTIK
CA. 1820–1900

KLASSIK
CA. 1750–1820

WICHTIGE

WERKE

Ordo virtutum
(geistliches Singspiel)

Geistliche Gesänge

Scivias
(Schriften über Hildegards
Visionen mit 14 Liedtexten)

11

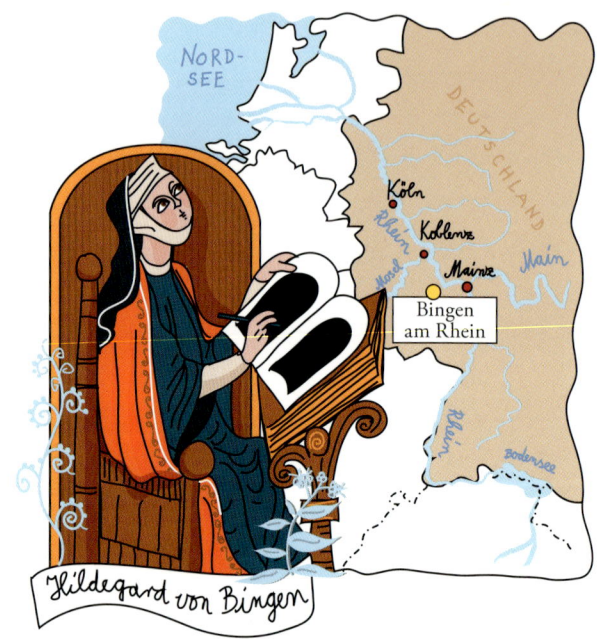

AUS DEM LEBEN VON HILDEGARD VON BINGEN (1098–1179)

Mittelalter. Ein Galgen am Stadtrand. Harte Arbeit von Sonnenaufgang bis Sonnenuntergang. Enge Gassen und fensterlose Behausungen. Von Waldspaziergängen wird wegen wilder Tiere und Räubern abgeraten.

In diese Welt wurde die kleine Hildegard hineingeboren, als zehntes und jüngstes Kind der Eheleute Hildebert und Mechthild von Bermersheim – eine Adelige also, die auf einem Herrenhof aufwuchs. Und so können wir annehmen, dass Hildegard – trotz der rauen Zeit – in behüteten Verhältnissen lebte und keine Not leiden musste. Die harte Arbeit mussten die Leibeigenen am Hof zu Bermersheim verrichten.

Hildegard war ein außergewöhnliches Kind. Sie hatte übersinnliche Fähigkeiten und konnte später sogar Wunder vollbringen. „In meinem dritten Lebensjahr sah ich ein so großes Licht, dass meine Seele erbebte, doch wegen meiner Kindheit konnte ich mich darüber nicht äußern."

Dieses „große Licht" war für die junge Hildegard ein Zeichen Gottes. Die Eltern schickten ihre Tochter deshalb im Alter von acht Jahren gemeinsam mit der älteren Jutta – der Tochter des Grafen Stephan II. von Sponheim – in eine Klause unweit des Klosters von St. Disibod und Hildegard wurde Nonne. Von Jutta lernte sie Schreiben und Lesen und die Musik lieben.

Im Laufe der Jahre kamen immer mehr Nonnen in die Klause. Als Jutta im Jahre 1136 starb, wurde die 38-jährige Hildegard von den Nonnen einstimmig zur neuen Äbtissin gewählt.

Im Jahr 1150 zog Hildegard mit zwanzig Nonnen auf den Rupertsberg in die Nähe von Bingen in ein gerade restauriertes Kloster. Sogar Wasserleitungen gab es da – für die damalige Zeit eine Sensation. Hildegard komponierte viele geistliche Gesänge für ihr neues Zuhause. Sogar die Texte stammten größtenteils aus ihrer Feder. Briefe belegen, dass ihre Gesänge auch über das Kloster hinaus bekannt waren und gesungen wurden.

Für die Weihe des Klosters auf dem Rupertsberg schrieb Hildegard ein Werk mit dem Namen „Ordo virtutum". Es gilt als eines der

die 8-jährige Hildegard — Jutta — 2 Klausnerinnen

ersten „geistlichen Singspiele" in Europa und wurde von den Nonnen aufgeführt. Die Handlung erzählt von einem Menschen, der sich entscheiden muss zwischen 16 Tugenden und den Versuchungen des Teufels.

Mehr als 70 Jahre verbrachte Hildegard im Kloster. Sie tat es nach den Regeln des Heiligen Benedikts: „Ora et labora. – Bete und arbeite!" Nach einem erfüllten Leben starb der „Posaunenklang vom lebendigen Licht" – wie sie sich selbst nannte – am 17. September 1179 im Alter von 82 Jahren.

Neumen

Quadratnotation

Von Neumen zu Noten

Im Mittelalter wurde in Kirchen und Klöstern einstimmig und in lateinischer Sprache gesungen. Einen solchen Gesang nannte man – nach Papst Gregor I. (590–604), der die Musik seiner Zeit sammelte und ordnete – „Gregorianischen Choral". Zunächst wurden diese Choräle mündlich überliefert. Später wurden sie in so genannten Neumen (griech. „neuma": Wink, Gebärde, Handzeichen bei der Chorführung) aufgeschrieben. Neumen bestehen aus Bögen, Punkten und Häkchen und wurden zumeist über dem Text notiert.

Mit den Neumen konnte allerdings nur der ungefähre Melodieverlauf, aber keine genaue Tonhöhe wiedergegeben werden.

Im 11. Jahrhundert entwickelte der Mönch Guido von Arezzo eine Notenschrift auf Linien und Zwischenräumen, die die Tonhöhe festlegte und der heutigen Notenschreibweise schon ähnlich sieht. Da die Noten eine eckige Form hatten, sprach man von „Quadratnotation". Guido von Arezzo erfand auch den Notenschlüssel.

Die Mensuralnotation, eingeführt von Franco von Köln Ende des 13. Jahrhunderts, bezeichnete dann auch die genaue Tondauer.

Die Musik Hildegard von Bingens ist in Neumen auf einem Vierliniensystem notiert. Ihre Kompositionen waren damals etwas Besonderes, da sie über das bisher Gewohnte weit hinausgingen: Hildegard liebte starke melodische Verzierungen und verwendete zu Beginn eines Stücks oft große melodische Sprünge.

Der Heilige Geist in Gestalt der Taube diktiert Papst Gregor I. Melodien ins Ohr.

Mini-Lexikon

Äbtissin	*Vorsteherin eines Klosters*
Klause	*kleiner Raum, Einsiedelei*
Logbuch	*eine Art Tagebuch, üblich in der Seefahrt*
Tugend	*gute Eigenschaften*
Visionen	*religiöse Erscheinungen, Vorstellungen*

CARUSOS
KLEINE KNOTENKUNDE

ACHTKNOTEN

PRIVATISSIMO

Die Nonnen vom Rupertsberg hatten einmal einen Mann auf dem Klosterfriedhof begraben. Plötzlich jedoch hieß es, der Mann sei aus der Kirche ausgeschlossen worden, und deshalb müsse die Leiche wieder ausgegraben werden. Hildegard verweigerte dies, denn der Tote sollte in Frieden ruhen. Daraufhin wurde den Nonnen das Singen der geistlichen Gesänge verboten. Darunter litt Hildegard natürlich sehr. Deshalb schrieb sie einen Brief an ihren Vorgesetzten. In diesem legte sie dar, wie wichtig Musik für die Gemeinschaft der Nonnen sei und dass sie Musik als „Zentrum der Seelenbeziehung zu Gotte" verstehe. Der Brief überzeugte, und das Verbot wurde aufgehoben.

Hildegard von Bingen berichtet: „Im Jahre 1141, als ich zweiundvierzig Jahr und elf Monate alt war, kam ein feuriges Licht mit Blitzesleuchten vom offenen Himmel hernieder. Es durchströmte mein Gehirn und durchglühte mir Herz und Brust gleich einer Flamme, die jedoch nicht brannte, sondern wärmte (...)."
Hildegard beschloss daraufhin, ihre Bilder und Visionen aufzuschreiben, und erhielt dazu sogar den Segen des Papstes.

Auch nach ihrem Tod vollbrachte Hildegard viele Wundertaten, und so besuchten Pilger ihre Grabstätte, um Kraft, Heilung oder Trost zu empfangen. Aufgrund des übergroßen Andrangs sah sich der Erzbischof Siegfried II. von Mainz veranlasst, persönlich auf den Rupertsberg zu reisen und der Verstorbenen weitere Wunder aus dem Jenseits zu verbieten.

Rätselhaftes Klosterleben

Hildegard schrieb nicht nur Musik. Wer das Rätsel löst, weiß, worüber sich Hildegard noch Gedanken machte.

1. Wie nennt man die erste Notenschrift?

2. Welchen besonderen Luxus gab es im Kloster auf dem Rupertsberg?

3. Wo wurde Hildegard geboren?

4. Wie nennt man den einstimmigen Gesang im Mittelalter, der nach Papst Gregor I. benannt ist?

5. Wer verrichtete damals die schwere Arbeit am Hofe?

6. Zu welcher Zeit lebte Hildegard?

Lösungswort: _ _ _ _ _ _ _ _ und _ _ D _ Z _ _
1 2 3 4 5 6 7 8   9 10 11 12 13 14 15

Charlotte klappte das Logbuch zu.

„So ganz geheuer ist mir das Leben im Mittelalter nicht. Mit der Sonne aufstehen und schon in jungen Jahren ins Kloster gesteckt werden …"
Charlotte schaute etwas kummervoll zu Smutje hinüber.
„Keine Angst – ins Kloster würdest du nicht kommen. Du wärest meine Leibeigene und müsstest nur tun, was ich dir sage. Wie jetzt zum Beispiel:
Teig für das Pizzabrot kneten!" – „Wird gemacht", kicherte Charlotte und begann den Teig zu traktieren. „Ach, und was ich dir unbedingt noch sagen wollte", fuhr Smutje fort: „Unser Kapitän ist damit einverstanden, dass du mir in der Kombüse hilfst. Du kannst auf dem Schiff mitfahren, solange du möchtest." Charlotte machte einen Freudensprung und fiel Smutje stürmisch um den Hals.
„Dann kann ich ja auch noch alle anderen Komponisten kennen lernen?"
„Tu, was du nicht lassen kannst", lächelte Smutje.

Vor den Bullaugen schneite es. Drinnen war es warm. Küchenwarm.

„Was ist das denn für ein wurmstichiges Stück Holz?", fragte Charlotte und hielt einen länglichen Gegenstand hoch.

„Das ist ein uraltes Nudelholz, das mir Herr Palestrina vermacht hat. – Das ist überhaupt das passende Stichwort. Sein bestellter Latte Macchiato ist fertig. Würdest du so nett sein und ihm den Kaffee in seine Kajüte bringen? Dann kannst du ihn gleich nach diesem Küchengerät fragen." – „Mach ich", rief Charlotte und war schon auf dem Weg.

Vor einer eisenbeschlagenen Tür kam Charlotte zum Stehen und klopfte an. „Herein, wenn es kein Komponist ist", kam es lachend von innen. Charlotte drückte die schwere Klinke hinunter und trat mit dem dampfenden Getränk ein.

„Herzlichen Dank – ruft Ihnen Palestrina zu!"

Charlotte knickste: „Bitte, gerne."

„Und was für ein Wetter ist vor der Tür? Muss ich mich warm anziehen, wenn ich gleich an Land gehe und dem Schiff Lebewohl sage?"

Charlotte sagte: „Kalt ist es. Und vorhin fielen auch schon die ersten Schneeflocken."

„Schnee in Rom? Das gibt ja eine imposante Ankunft. Da muss ich doch gleich an Santa Maria Maggiore denken – eine große Kirche, in der ich als Kapellmeister gearbeitet habe."

„Was hat es mit der Kirche denn auf sich?", fragt Charlotte neugierig. „Oh, das ist eine schöne Geschichte!", antwortete Palestrina. „Denn vor über 1600 Jahren schneite es auch auf einem Platz in Rom. Aber nicht im Winter, sondern mitten im Sommer – in einer Nacht im August! Die Kirchenväter verstanden dies als ein Zeichen Gottes und erbauten genau an dieser schneebedeckten Stelle eine Kirche. Seitdem wird jedes Jahr an dieses Schneewunder erinnert, und in dem Festgottesdienst lässt man weiße Blüten aus der Kuppel der Kirche regnen."

„Schnee im Sommer! So etwas habe ich noch nicht erlebt." Charlottes Blick entdeckte wieder vereinzelte Flocken vor dem Bullauge. Es sah zu schön aus. Doch dann erinnerte sie sich an das Küchengerät und ihre Frage.

„Bitte entschuldigen Sie, aber ich bin doch neugierig: Woher haben Sie das alte Nudelholz, das ich bei Smutje gesehen habe?"

„Oh, das ist Ihnen aufgefallen? Das habe ich von meiner Großmutter geerbt. Und Dank dieses Erbstückes bin ich mit Namen in ihrem Testament erwähnt – sodass man weiß, dass es mich wirklich gibt." Palestrina kicherte.

„Aber zum Glück hat mich auch mein junger Komponistenkollege Hans Pfitzner nicht vergessen und eine Oper über mich geschrieben. ‚Palestrina' hat er sie genannt. In dieser Oper sind alle Streitigkeiten, die es zur Renaissancezeit um die Musik gab, ziemlich genau beschrieben. Und ich werde als eine Art ‚Retter der Kirchenmusik' dargestellt."

„Sehr interessant. Erzählen Sie mir noch mehr von sich?", bat Charlotte.

„Würde ich gerne, geht aber leider nicht mehr. Denn wir legen gleich in Rom an und das ist meine Endstation. Aber hier – in meinem Logbuch – können Sie gerne blättern und lesen. Wenn die Schiffshupe dann das Kyrie aus meiner ‚Missa Papae Marcelli' erklingen lässt, werde ich mich verabschieden."

„Danke und eine gute Ankunft! Ciao!", rief Charlotte, lief zurück in die Kombüse zu ihrem Fass, setzte sich und schlug das Logbuch auf.

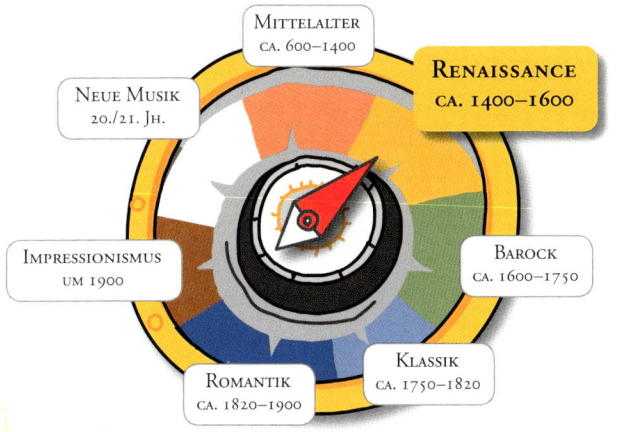

MITTELALTER
CA. 600–1400

NEUE MUSIK
20./21. JH.

RENAISSANCE
CA. 1400–1600

IMPRESSIONISMUS
UM 1900

BAROCK
CA. 1600–1750

ROMANTIK
CA. 1820–1900

KLASSIK
CA. 1750–1820

WICHTIGE
WERKE

Messen
(z.B. Missa Papae Marcelli)

Madrigale

Motetten

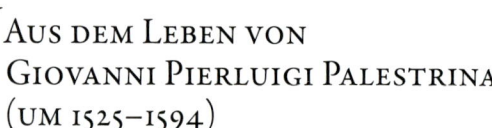

AUS DEM LEBEN VON GIOVANNI PIERLUIGI PALESTRINA (UM 1525–1594)

Mit dem Namen „Palestrina" ist es gar nicht so einfach. Eigentlich lautete Palestrinas Familienname Pierluigi. Sein Vater hieß nämlich Sante Pierluigi. „Palestrina" hingegen ist der nahe bei Rom gelegene Geburtsort des Komponisten und nach diesem ist er benannt. Wann Palestrina genau geboren wurde, ist uns nicht bekannt. Man nimmt an, dass es um das Jahr 1525 herum war. Es wird vermutet, dass er 1537 als Chorknabe an die Kirche Santa Maria Maggiore nach Rom kam und dort von verschiedenen Lehrern musikalisch unterrichtet wurde. Als er wieder in seine Vaterstadt zurückkehrte, arbeitete er als Organist und Kapellmeister. Damals begann er auch mit dem Komponieren. Später wurde ihm die Ehre zuteil, an der Peterskirche in Rom als Lehrer des Knabenchores und bald darauf als Kapellmeister zu wirken.
Papst Julius III. war begeistert von der Arbeit Palestrinas. Auch deswegen widmete der Komponist ihm in freudiger Dankbarkeit sein erstes Buch mit vier- und fünfstimmigen Messen. Der Papst revanchierte sich: Obwohl Palestrina verheiratet war, setzte das geistliche Oberhaupt der katholischen Kirche durch, dass dieser geniale Musiker und Komponist ins Sängerkollegium der Sixtinischen Kapelle aufgenommen wurde – ein Recht, das eigentlich nur Priestern vorbehalten war. Ein kurzes Vergnügen, denn kaum hatte Papst Paul IV. sein Amt angetreten, entließ er Palestrina – jedoch nicht ohne ihm eine angemessene Pension zukommen zu lassen.
Doch begnadete Musiker wie Palestrina waren gesucht, und so wirkte dieser bald als Kapellmeister an anderen Kirchen.
1571 konnte er endlich wieder an die Peterskirche zurückkehren.
Als Palestrina am 2. Februar 1594 unerwartet starb, wurde er ebendort beigesetzt und sein Grabstein mit den Worten „Musicae princeps" (Fürst der Musik) geschmückt.
Bis auf zwei Bücher mit weltlichen Gesängen (Madrigalen), schrieb Palestrina all seine Werke für die Kirche. Darunter waren über einhundert Messen und rund 400 Motetten.

DER STREIT UM DIE KIRCHENMUSIK

Zwischen den Jahren 1545 und 1563 fand in Trient das „Tridentiner Konzil" statt – eine Versammlung von Geistlichen und Musikern. Ein Thema des Konzils war die immer häufiger auftretende Unverständlichkeit der geistlichen Texte in der Musik. Aber auch die stark ausgeschmückte Musik, in der das Wort Gottes an Bedeutung verlor, wurde von den kirchlichen Vertretern kritisiert. In Trient wurde nun diskutiert, wie die Kirchenmusik zukünftig zu klingen habe. Einige schlugen sogar vor, nur noch den einstimmigen gregorianischen Choral in der Kirche zuzulassen. Palestrina komponierte damals im Auftrag des Konzils einige Messen, darunter die berühmte „Missa Papae Marcelli". Seine Werke markierten durch ihre klaren Melodien, ihre Textverständlichkeit und ihre virtuose Stimmverflechtung einen neuen Höhepunkt der Kirchenmusik. So wurde der Kompositionsstil Palestrinas zum offiziellen Vorbild der

Palestrina überreicht dem Papst die „Missa Papae Marcelli"

Kirchenmusik ernannt und er selbst zum Komponisten der päpstlichen Kapelle (der Sixtina) befördert.
Dank Palestrinas wurde die mehrstimmige Musik nicht aus der Kirche verbannt, sondern konnte sich dort weiter entwickeln.

Konzilversammlung im Dom von Trient

Kapellmeister   *Leiter eines Chores oder Orchesters*
Konzil   *Versammlung hoher Würdenträger*
der katholischen Kirche
Motette   *meist mehrstimmiger Kirchengesang ohne*
Instrumentalbegleitung

CARUSOS
KLEINE KNOTENKUNDE

KREUZKNOTEN

PRIVATISSIMO

Palestrina war ein überaus angesehener Komponist seiner Zeit. Dafür gibt es einen echten Beweis: Als Herzog Guglielmo Gonzaga eine prächtige Schlosskirche erbauen ließ, gab er für diesen Prunkbau gleich zehn Messen bei Palestrina in Auftrag.

Orgel in der Schlosskirche, die der Herzog erbauen ließ.

Nachdem Palestrina zum Komponisten der päpstlichen Kapelle und auch zu deren Kapellmeister ernannt worden war, eröffnete er eine Musikschule für junge begabte Menschen, die sich „Neuere römische Schule" nannte und große Berühmtheit erlangte.

Das Rätsel von den sich berührenden Händen

Palestrina hatte einen sehr schönen Arbeitsplatz, denn er wirkte in der Sixtinischen Kapelle in Rom. Diese Kapelle war von einem der berühmtesten Künstler der Hochrenaissance ausgemalt worden. Der Maler war zugleich auch Bildhauer und Architekt. Er lebte von 1475 bis 1564. Wer das Rätsel löst, erfährt den Namen des Meisters.

1. In welcher Stadt war Palestrina Chorknabe?

2. Worauf bezieht sich der Name Palestrina?

3. In welcher Kirche wurde Palestrina beerdigt?

4. In welcher Stadt wurde zwischen 1545 und 1563 über die Kirchenmusik beratschlagt?

5. Welchen Beruf übte Palestrina an verschiedenen Kirchen aus?

Das Denkmal des Künstlers in Florenz

Lösungswort:

Charlotte klappte das Logbuch zu.
„Gut, dass die Musiker heute so komponieren dürfen, wie es ihnen gefällt. Stell dir mal vor, Smutje, unseren Rock- und Popsängern würde vorgeschrieben, welche Lieder sie sich auszudenken hätten. Das würde mir nicht gefallen."
„Mir auch nicht. Künstlerische Freiheit ist das oberste Gebot! Wo kämen wir denn da hin? Womöglich würde dann auch noch geregelt, was ich zu kochen hätte. Fürchterlich …"

Kapitel 3

„Charlotte, heute werden wir ein üppiges Tiramisu vorbereiten", schwärmte Smutje, „und zwar für den Fürsten Gesualdo di Venosa. Er soll einen süßen Abschied bekommen. Du rührst bitte den Bisquitteig."

„Warum soll er einen süßen Abschied bekommen?" Charlotte wurde neugierig.

„Er wollte während der ganzen Kreuzfahrt immer nur trockenes Brot und Wasser", antwortete Smutje. „Nie kam er aus seiner spartanischen Kajüte. Komponierte, komponierte und komponierte." – „Das klingt ja fast so, als ob er sich alle Freuden des Lebens verbieten würde. Warum nur?"

„Man munkelt Finsteres über den Fürsten. Aber Genaueres weiß ich auch nicht. Immer wenn ich ihm sein karges Mahl brachte, war er kurz angebunden und nicht zum Plaudern aufgelegt."

„Über diesen Komponisten würde ich gerne mehr wissen." Charlotte kribbelte es vor Neugierde unter ihren Flügeln.

„Na, dann bring ihm diesen Krug Wasser – das Tiramisu folgt. Vielleicht erzählt er dir ja etwas, oder er lässt dich in sein Logbuch gucken. Kajüte 13."

Charlotte griff nach dem Krug, war schon auf dem Flur und rannte fast fliegend an den Kajütentüren vorbei – bis zur Eisentür mit der Nummer 13. Dort klopfte sie.

„Herein", dröhnte es von innen.

Charlotte öffnete vorsichtig: „Guten Morgen, Charlotte ist mein Name. Ich bringe Ihnen einen Krug Wasser."

„Danke. Stellen Sie ihn auf den Tisch."

„Gefährlich sieht er aber nicht aus, eher traurig", dachte Charlotte bei sich. „Eine hagere Gestalt und blass. Tiramisu und Sonne würden ihm sicherlich guttun."

„Was stehen Sie hier noch herum und träumen?", fragte der Fürst unwirsch.

„Ähm, entschuldigen Sie", stotterte Charlotte, „ich, ich würde so gerne in Ihrem Logbuch lesen."

„Ach, neugierig sind Sie. Haben bestimmt von meinem Verbrechen gehört. Wollen jetzt Genaueres erfahren. Bitte, bitte. An meinen Händen klebt Blut, meine Seele ist

schwarz. Und Glück ist für mich ein fremdes Wort. Erwarten Sie nicht, allzu Heiteres über mich zu erfahren." Charlotte wich zurück. War es vielleicht doch keine so gute Idee gewesen, hierher gekommen zu sein? Aber da reichte ihr der Fürst schon sein Buch.

„Hier, bitte, auf dass es Sie gruseln möge. Nehmen Sie Platz. Ich packe mein Notenpapier ein, verschraube das Tintenfass, säubere meinen Gänsekiel und warte, bis die Schiffshupe eines meiner Madrigale ertönen lässt.

Charlotte blickte etwas verunsichert zum Fürsten.

„Keine Angst, ich tue Ihnen nichts. Auf das, was ich getan habe, bin ich keineswegs stolz. Freudlos und traurig bin ich geworden. Einzig die Musik ist es, die mich am Leben hält."

Charlotte blickte betreten zu Boden und sagte leise: „Ich muss zurück. Auf Wiedersehen."

Sie nahm das Logbuch und lief eilig aus dem Zimmer. In der Kombüse plumpste sie auf das Fass und schlug das Logbuch auf.

MITTELALTER
CA. 600–1400

NEUE MUSIK
20./21. JH.

RENAISSANCE
CA. 1400–1600

IMPRESSIONISMUS
UM 1900

BAROCK
CA. 1600–1750

ROMANTIK
CA. 1820–1900

KLASSIK
CA. 1750–1820

WICHTIGE

WERKE

6 Madrigalbücher

Geistliche und
weltliche
Vokalmusik

Aus dem Leben von Carlo Gesualdo di Venosa (1566–1613)

Carlo Gesualdo di Venosa

Hundert Kilometer östlich von Neapel liegt der einsame Ort Gesualdo. Auf einer alten Burg, die schon im 7. Jahrhundert bekannt war, wurde wahrscheinlich im Jahr 1566 Carlo Gesualdo di Venosa geboren. Seine Eltern liebten die Künste. Oft luden sie Musiker, Maler und Dichter zu sich ein, sodass der kleine Carlo das Glück hatte, die Kunst – vor allem die Musik – früh kennen zu lernen. In seiner Jugend erhielt Gesualdo einen umfassenden Lauten- und Gesangs-unterricht und widmete sich ausführlich Kompositionsstudien. Der Höhepunkt seines musikalischen Schaffens fand zwischen seinem 20. und 30. Lebensjahr statt. Als sein älterer Bruder starb, fiel Gesualdo das Familienerbe zu, und er übernahm 1585 das Fürstentum. Zu einem Fürsten gehörte natürlich auch eine Frau. Und so heiratete Carlo ein Jahr später die bereits zweifache Witwe Donna Maria d'Avalos, eine gleicher-maßen intelligente wie ausnehmend schöne Frau. Das Eheglück währte kaum vier Jahre. Denn Donna Maria verliebte sich unsterblich in den Herzog von Andria – und er sich min-destens genauso leidenschaftlich in sie. Die beiden waren geradezu blind vor Liebe.

Gesualdo kam dahinter, überraschte sie eines Nachts eng umschlungen und erdolchte die Liebenden, ohne mit der Wimper zu zucken. Nach dieser grausamen Bluttat ließ er den ganzen Wald um die Festung abholzen, um die Rächer des Herzogs und seiner Frau schon von weitem gut sehen zu können. Obwohl er von den meisten Menschen als Meuchelmörder und Schuldiger bezeichnet wurde, kam es nicht einmal zu einer Anklage. Wieder keine vier Jahre später fand seine zweite Hochzeit statt – am Hofe von Ferrara, einem der prächtigsten Europas. Die zweite Gemahlin Carlos war Donna Leonora d'Este. Gesualdo und seine Leonora verbrachten die ersten beiden Ehejahre in Ferrara, später lebten sie in Gesualdo. Doch Carlo soll kein liebevoller Partner gewesen sein. Sogar von Schlägen gegenüber Donna Leonora war die Rede. Zudem hatte er, der selbst betrogen worden war, wohl einige Liebhaberinnen. Das einzige gemeinsame Kind der Ehe von Carlo und Donna Leonora, ein Junge namens Alfonsino, wurde keine sechs Jahre alt.

Die Trauer über den Tod seines kleinen Sohnes ist in einem Brief Gesualdos festgehalten. Hier hat der Fürst tatsächlich einmal Gefühle gezeigt.

Gesualdo di Venosa selbst starb am 8. September 1613. Seine Gattin wahrte die fürstliche Form und trauerte um ihren Gemahl.

Das Madrigal

Als Komponist nahm sich Gesualdo vor allem der musikalischen Form des Madrigals an. 1594 wurde seine erste Madrigalsammlung von der herzoglichen Druckerei Vittorio Baldinis herausgegeben. Jedoch erschienen die Madrigale nicht unter seinem Namen, sondern anonym. Ruhm war Gesualdo also erstaunlicherweise nicht wichtig.

Der Begriff Madrigal leitet sich von dem lateinischen Wort „matricalis" ab, was so viel bedeutet wie „von der Mutter" oder im übertragenen Sinn „Gesang in der Muttersprache" oder „ungekünstelter, natürlicher Gesang". Das Madrigal ist ein weltliches, mehrstimmiges Stück. Es entstand in Italien und wurde die wichtigste Gesangsform der Renaissance und des Frühbarocks. Die Texte waren oft in Versen abgefasst.

Teilweise wurde die Verständlichkeit des Textes zugunsten der Musik vernachlässigt, obwohl von so bewegenden Themen wie Hirtenidylle oder Liebe gesungen wurde. Beliebt waren auch Verzierungen, so genannte Melismen: Dabei wurden ganz viele Töne auf eine Textsilbe gesungen.

Typisch für das Madrigal ist eine tonmalerische Gestaltung. Gesualdo verwendete zum Beispiel in seinen Kompositionen weit voneinander entfernte Tonarten, um „Ferne" oder „Sehnsucht" hörbar zu machen. Und wenn er in seiner Musik vom Sterben erzählte, wurden die Worte mit Tonfolgen unterlegt, die viele Kreuzvorzeichen hatten (♯). Ein wichtiger Textdichter der damaligen Zeit, den Gesualdo persönlich kannte, war Torquato Tasso.

Mini-Lexikon

anonym	namenlos, geheim, unerkannt
Lamento	Klagelied
Laute	Zupfinstrument, dessen Resonanzkörper wie eine halbierte Birne aussieht
Torquato Tasso	italienischer Dichter (1544–1595)

PRIVATISSIMO

Über Gesualdo di Venosa heißt es in einem Bericht eines Zeitgenossen: „Dieser Fürst fand nicht nur Gefallen an der Musik, sondern er unterhielt zu seinem Vergnügen und seiner Unterhaltung am Hofe auf eigene Kosten viele ausgezeichnete Komponisten, Instrumentalisten und Sänger. Ich denke oft, hätte dieser Edelmann zur Zeit der Griechen gelebt (...), sie hätten ihm mit Sicherheit zum Gedächtnis ein Standbild errichtet, nicht aus Marmor, sondern aus Gold."

Ob Gesualdo di Venosa seine blutrünstige Tat doch noch bereut hat? Ein Jahr nach dem Doppelmord ließ er ein Kloster samt Kapelle erbauen. Vielleicht ängstigte er sich um sein Seelenheil und hoffte, mit der Klosterstiftung Sühne leisten zu können.

Auf der Suche nach dem Komponisten eines tränenreichen Klageliedes

In der Renaissance schrieben nicht nur Gesualdo di Venosa, sondern noch viele andere Komponisten Madrigale. Eines der berühmtesten ist das „Lamento d'Arianna" aus der verschollenen Oper „Arianna". Wer das Lösungswort findet, erfährt den Namen des genialen Komponisten, der das oben erwähnte Lamento komponierte.
Er lebte von 1567 bis 1643.

1. Welche große italienische Stadt liegt ungefähr einhundert Kilometer von Gesualdos Geburtsort entfernt?

2. Wie lautet der Fachausdruck für Verzierungen, bei denen auf eine Textsilbe sehr viele Noten gesungen werden?

3. An welchem Hof lebte Gesualdos zweite Gattin?

4. Wie viele Madrigalbücher komponierte Gesualdo?

5. Was wird in einem Madrigal besungen?

6. Wie nennt man die Epoche, in der Gesualdo lebte?

7. Wie heißt ein bekannter Dichter aus Gesualdos Zeit?

Lösungswort:
1 2 3 4 5 6 7 8 9 10 11 12 13 14 15 16 17

Charlotte klappte das Logbuch zu.
„Was für eine finstere Geschichte!", rief sie.
„Erzählst du mir, was es mit dem Grafen auf sich hat?", fragte Smutje.
„Kann ich machen. Aber dabei würde ich gerne etwas rühren. Das beruhigt", antwortete Charlotte. „Gerne", sagte Smutje, „hier ist eine Kakaocreme für die Herstellung von köstlichen Hallorenkugeln. Das Rezept wollte ich sowieso einmal ausprobieren. Es stammt aus der Stadt Halle an der Saale. Und ein gewisser Herr Georg Friedrich Händel wird sich über die Pralinen sicherlich freuen."

Kapitel 4

„Charlotte, komm! Heute ist der letzte Tag von Georg Friedrich Händel auf dem Schiff. Bring ihm bitte zum Fünf-Uhr-Tee noch ein paar schokoladige Hallorenkugeln." Charlotte erschrak: „Smutje, ich muss gestehen, dass ich sie alle nach und nach aufgegessen habe."

„Oh, Charlotte, du bist nicht nur geflügelt, sondern auch verfressen!", rief Smutje laut.

„Es ist doch schon einige Zeit her, dass wir sie gemacht haben, und du hast sie nicht mehr erwähnt", sagte Charlotte kleinlaut. „Außerdem stand das Glas mit den Pralinen direkt im Regal vor meiner Hängematte und lachte mich an. Immer. Wenn ich schlafen ging, hab ich mir dann ein ‚Gutenachthupferl' genommen, und wenn ich aufgestanden bin, hab ich mir ein ‚Gutenmorgenhupferl' genommen. Bist du sehr böse?"

„Ist wenigstens noch eine allerallerletzte da?", fragte Smutje ungehalten.

Charlotte ging nachsehen. Dann tönte es aus der Speisekammer: „Ja, eine allerallerletzte ist noch da."

„Dann sei so nett und bring das Tablett – mit der letzten Kugel! – Herrn Händel", sagte Smutje kurz.

„Wird gemacht, Chef", rief Charlotte und verschwand durch die Kombüsentür.

Am Ende des Flures befand sich eine reich geschnitzte Eichentür mit Glocke.

An dieser zog Charlotte. Von innen rief eine tiefe Stimme: „Herein, herein."

Charlotte trat ein. Ein Herr mit wallender Lockenperücke, einer pompösen weißen Rüschenbluse und einem reich verzierten Mantel, der über dem prallen Bauch zugeknöpft war und sichtlich spannte, stand lachend im Zimmer.

„Ich freue mich auf London, auf die Aufführung meiner Opern und auf das Orgelspielen in der St. Paul's Cathedral. – Und was sehe ich da: Eine Hallorenkugel hat sich zu mir verirrt. Wie aufmerksam, wie rührend, mir so eine kugelige, süße Erinnerung zukommen zu lassen. Setzen Sie sich. Kommen Sie, wir wollen teilen."

Charlotte trat näher, stotterte: „Nein, danke, ich …"
Aber ehe sie weitersprechen konnte, fuhr ihr Händel
über den Mund: „Wie, Sie möchten nicht probieren,
diese köstliche Praline – eine Spezialität aus meiner
Geburtsstadt Halle? Wissen Sie eigentlich, was Ihnen
da entgeht?" Charlotte zuckte zusammen.

Und Händel brauste weiter: „Und überhaupt, wenn ich
in Halle geblieben wäre, hätte ich mir viel Ärger erspart!
Es hätte keine nervenaufreibenden Londoner Opernunternehmen mit mir als Direktor gegeben, auch keine
neidvollen Rivalen und keinen Bankrott. Nur süße
Schokolade. Welch eine Vorstellung!"

Plötzlich fing Händel laut zu lachen an. „Habe ich Sie
sehr erschreckt? Das Temperamentvolle ist meine
Natur. Setzen Sie sich doch. Eine Tasse Tee – und eine
Viertelkugel?"

„Gerne", sagte Charlotte erleichtert, „und darf ich Ihr
Logbuch mitnehmen?"

„Natürlich. Bis die Schiffshupe meine „Feuerwerksmusik" hupt, habe ich nur noch zwei Teetassen lang
Zeit. Zu wenig, um mein ganzes Leben zu erzählen."
Charlotte aß und trank, stand auf, machte einen ver-
wackelten Knicks und huschte aus der Kajüte. In der
Kombüse angekommen schlug sie rasch das Logbuch
auf.

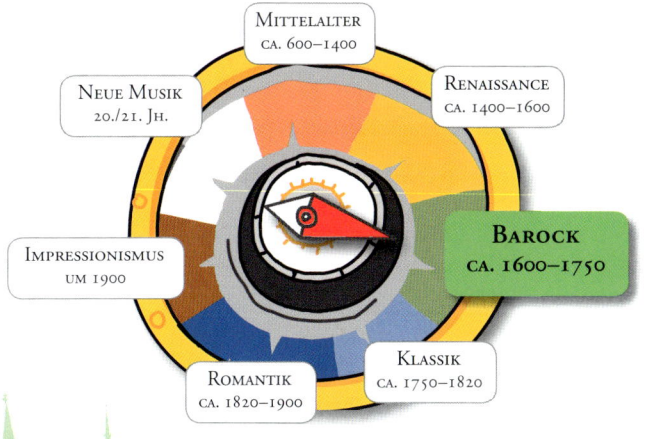

WICHTIGE
WERKE

Messias (Oratorium)

Julius Cäsar (Oper)

Largo (aus der Oper *Xerxes*)

Wassermusik
(Orchestermusik)

Feuerwerksmusik
(Orchestermusik)

AUS DEM LEBEN VON
GEORG FRIEDRICH HÄNDEL
(1685–1759)

Der kleine Georg Friedrich erblickte das
Licht der Welt in der letzten Februarwoche
des Jahres 1685 im Haus „Zum gelben
Hirsch" in Halle an der Saale. Sein Vater war
ein angesehener Arzt, dem es sogar gelungen
war, einen Patienten von einem verschluckten
Messer mit geschickten Handgriffen wieder
zu befreien. Seine Mutter war eine Pfarrers-
tochter.

Als Georg Friedrich geboren wurde, war sein
Vater bereits 63 Jahre alt. Er starb während
der Gymnasialzeit seines Sohnes, als dieser
noch keine zwölf Jahre zählte. Georg Friedrich verfasste daraufhin ein Trauergedicht für
den Vater, das mit den Worten schließt:

„Also beträhnte den zwart seeligen,
doch Ihm allzu frühen Hintritt,
seines hertzlichgeliebten Herrn Vaters
Georg Friedrich Händel,
der freyen Künste ergebener."

Schon früh wurde Händels musikalisches
Talent erkannt und er erhielt eine gründliche
musikalische Ausbildung. Während seines
kurzen Studiums der Juristerei in Halle
machte er Bekanntschaft mit dem Komponisten Georg Philipp Telemann. Er blieb
diesem sein Leben lang freundschaftlich ver-
bunden. Im Jahre 1702 reiste Georg Friedrich
Händel nach Berlin. Dort wurde er Zeuge
einer der verspielten, prunkvollen „Wirtschaften" der Königin Sophie Charlotte. „Wirtschaften" – so nannte die Königin Kostüm-
feste, bei denen Korsarenschiffe auf der Spree
segelten und kleine Schlachten dargestellt
wurden. Die Feste endeten in einem üppigen
Festmahl. Bei einer dieser Gelegenheiten
lernte Händel Karoline von Ansbach kennen,
die Georg August von Hannover heiratete,
den späteren König Georg II. von England.
Händel war viele Jahre in den Diensten

Wirtschaften im Schloss Charlottenburg

Westminster Abbey

Georg II. Zuvor war er noch Cembalist des Hamburger Opernorchesters (1704), unternahm mehrere Italienreisen (1706–1710), verweilte als Hofkapellmeister in Hannover, um schließlich, man schreibt das Jahr 1712, den Entschluss zu fassen, in England zu bleiben. Dort gründete Händel ein Opernunternehmen – die „Royal Academy of Music", für die er einige seiner bekanntesten Opern komponierte, zum Beispiel „Radamisto" oder „Julius Cäsar". 1727 erwarb Händel die englische Staatsbürgerschaft. Er schrieb an die 42 Opern, geschätzt 27 Oratorien, verschiedenste Konzerte und Kammermusik. Händel war schon zu Lebzeiten ein gefeierter Komponist.

Seine berühmte „Wassermusik" komponierte er zur Krönung von Georg I., der sich ein Konzert auf der Themse gewünscht hatte. Am Ende seines abwechslungsreichen und bunten Lebens erblindete Händel. Als er am 14. April 1759 starb, berichteten alle großen Zeitungen über ihn. Entgegen seines Wunsches, in aller Stille beerdigt zu werden, wurde er im Beisein von 3000 Trauergästen in der Westminster Abbey in London zu Grabe getragen.

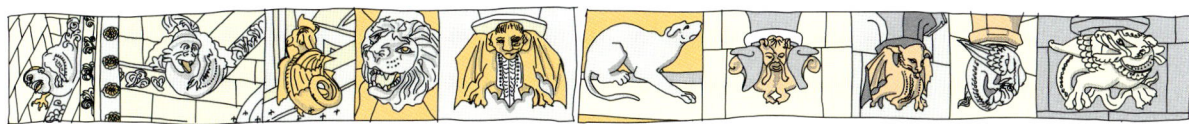

Wasserspeier an der Westminster Abbey

Das Oratorium

Das Wort „Oratorium" stammt von dem kirchenlateinischen Begriff „oratorium" (Bethaus) sowie von dem lateinischen Wort „orare" (beten) ab. Das Oratorium ist ein Musikstück mit meist geistlicher Handlung. In einem Oratorium treten mehrere Solisten auf (zum Beispiel biblische Gestalten wie Jesus) sowie Chor und Orchester. Das Oratorium wird nicht szenisch – wie eine Oper auf der Bühne –, sondern konzertant dargeboten. In Dublin führte Händel 1742 sein Oratorium „Messias" mit größtem Erfolg auf.

Er hatte es in nur 24 Tagen komponiert. In den folgenden Jahren entstanden weitere namhafte Oratorien, wie „Samson", „Belshazzar" und „Judas Maccabaeus".

Chor

Orchester

Solisten

Dirigent

Mini-Lexikon

Clavichord	*kleines Tasteninstrument*
Gaukler	*Spaßmacher*
Korsarenschiffe	*Schiffe von Seeräubern*
Solist	*einzeln besetzte Stimme*
Themse	*Fluß, der durch London fließt*

CARUSOS
KLEINE KNOTENKUNDE

EINFACHER SCHOTSTEK

PRIVATISSIMO

Seit frühester Jugend zeigte Händel größte Lust an der Musik. Sein Vater, damals schon über siebzig Jahre alt, hatte ihn zum Studium der Rechte bestimmt und verbot dem Sohn strikt den Umgang mit Musikinstrumenten. Für Vater Händel war der Beruf des Musikers gleich der eines „Gauklers, Seiltänzers, Spielmannes oder Murmeltierführers". Das Verbot forderte allerdings den Eigenwillen des Sohnes umso mehr heraus, und es soll ihm gelungen sein, ein Clavichord auf den Dachboden zu schmuggeln und darauf zu spielen, wenn die anderen schliefen.

Gelockte Opernliebhaberei

Hat Händel wohl wirklich – wie es überliefert ist – aus Zorn eine Opernsängerin zappelnd aus dem Fenster gehalten? Wenn ja, dann sicherlich aus Wut über ihre falschen Töne oder aus Verzweiflung über ihre divenhaften Launen oder gar aus Übermut. Aber sicherlich hat er dabei seine Perücke nicht abgesetzt, denn in der Barockzeit war es üblich, in der Öffentlichkeit immer eine Perücke zu tragen …

Wer die Händelopern mit den richtigen Lockensträhnen verbindet, erfährt die Jahreszahlen, in der die Opern komponiert wurden.

Radamisto · Agrippina · Almira, Königin von Kastilien · Alcina · Julius Cäsar · Deidamia (letzte Oper)

1704 · 1740 · 1720 · 1724 · 1709 · 1735

Feuer, Wasser und Musik

Wenn die Buchstaben richtig angeordnet sind, erfährt man den Titel eines großen Werkes, das Händel für einen König und mit „kriegerischen" Instrumenten komponieren sollte, denn der König wollte einen Friedensvertrag laut feiern. Allein zu den Proben kamen 12000 Menschen, und die London Bridge war drei Stunden gesperrt. Der Aufführungstag, der 27. April 1749, war regnerisch. Das bombastische Feuerwerk, welches das Konzert umrahmte, entzündete aus Versehen ein Gebäude. Aber die Musik mit „Militärinstrumenten" – Oboen, 12 Fagotten, Kontrafagott, neun Hörnern, neun Trompeten, Schlaginstrumenten und Streichern – wurde bejubelt.

In welcher Stadt wurde
Georg Friedrich Händel geboren? ☐ ☐ ☐
2/4/7

Wie heißt eine musikalische Gattung, die frei übersetzt auch „Bethaus" heißt?
☐ ☐ ☐ ☐ ☐ ☐ ☐ ☐
5/8 ..... 3/12

Wie nannte Königin Sophie Charlotte ihre ausladenden Feste?
☐ ☐ ☐ ☐ ☐ ☐ ☐
6 1

Wie heißt das Werk, das Händel zur Krönung von Georg I. komponierte?
☐ ☐ ☐ ☐ ☐ ☐
10/13 14

Welchen anderen deutschen Komponisten
lernte Händel nach seiner Schulzeit kennen?

In welcher Epoche lebte Händel?

☐ ☐ ☐ ☐ ☐ ☐
11

☐ ☐ ☐ ☐ ☐
9/15

Stau auf der London Bridge

Lösungswort: ☐ ☐ ☐ ☐ ☐ ☐ ☐ ☐ ☐ ☐ ☐ ☐ ☐ ☐ ☐
1 2 3 4 5 6 7 8 9 10 11 12 13 14 15

Charlotte klappt das Logbuch zu.
„Nicht nur, dass das Komponistenleben von Händel aufregend und schön zu lesen ist ... Nein, er trägt auch noch so entzückende Schuhe. Die Barockzeit hatte schon eine interessante Mode ... Hast du diese Schuhe gesehen?" – „Ne, was interessieren mich seine Schuhe? Aber seine Musik höre ich gerne", brummte Smutje. „Du bist immer noch ärgerlich wegen meiner Schokoladenkugelgier. Bitte, nicht mehr böse sein." Charlotte ging zu Smutje und küsste ihn fest auf die Wange. Smutje errötete, besann sich kurz und fragte dann: „Na, was war denn an seinen Schuhen so Besonderes?" – „Sie waren aus heller Seide und mit Perlen und Steinen bestickt. Und dann hatten sie noch einen kleinen Absatz. Richtige Prinzessinenschuhe!"
„Au weia, und das in London, wo es so oft regnet und matschig ist!"

Kapitel 5

Charlotte schreckte auf. Beinahe wäre sie aus ihrer Hängematte gefallen, hätte Smutje sie nicht aufgefangen.

„Na, kleine Langschläferin? Aufstehen!" Smutje guckte in ein sehr verschlafenes Gesicht.

„Ich habe so schön geträumt. Ich war Komponistin und habe mir die schönsten Melodien von den Bäumen gepflückt. Da hingen die Noten wie Kirschen an den Ästen. Und meine Musik war so lieblich und schön und ... – Aber was für ein lautes Krachen hat mich gerade geweckt?" – „Das war ein Hammer, der gegen einen Topfdeckel schlug, meine Liebe. Die einzige Methode, um dich wach zu bekommen. Und da ich in der Kombüse bleiben muss, bitte ich dich, zu Herrn Gluck zu gehen, der nach einem Hammer fragte."

„Hammer?"

„Ja, Hammer."

Charlotte torkelte zu einem von Smutje bereitgestellten Espressotässchen, hauchte „Danke", nahm den Hammer und schwebte den Flur entlang bis zur Kajüte von Christoph Willibald Gluck. Vorsichtig klopfte sie an.

„Kommen Sie rein, kommen Sie rein", rief eine Stimme von innen. Als Charlotte eintrat, saß ein Mann auf dem Boden – eine schräge Mütze auf dem Kopf. Tisch und Stühle waren zur Seite gerückt, vor ihm lagen ein langes Holzrohr, viele Nägel und eine Schüssel voller kleiner Steine.

„Der Hammer, wunderbar."

Charlotte staunte.

„Sie dürfen Ihren Mund gern wieder schließen. Soll ich Ihnen verraten, was ich hier tue?" Charlotte nickte.

„Ich bin Opernkomponist. Und wissen Sie: Ich mag es, wenn man die Natur auf die Bühne bringt und die Zuschauer sie richtig erleben können – wenn es donnert, wenn der Wind heult und der Regen prasselt. Für all dies gibt es jetzt schon Maschinen hinter der Bühne. Nur mit dem Regen war ich noch nicht ganz zufrieden. Deshalb baue ich gerade eine Art ‚Regenmacher'."

„Dann schien in Ihren Opern bisher immer die Sonne?", fragte Charlotte.

Gluck lachte: „So ungefähr. Vor ein paar Tagen habe ich nun in einem Buch gelesen, wie man solch einen ‚Regenmacher' baut: Man benötigt einen dicken, abgestorbenen Ast, der innen hohl ist. Dann treibt man unzählige Nägel in das Holz – dafür brauche ich den Hammer. Der Ast wird mit kleinen Steinen gefüllt. Anschließend werden die Enden verschlossen. Wenn man den Ast dann hin und her bewegt, rieseln die Steinchen zwischen den eingeklopften Nägeln hindurch. Das hört sich wie warmer Sommerregen an. Für große Theater ist dieser kleine Regenmacher aber natürlich nicht geeignet."

„Und wenn alles nass wird auf der Opernbühne?", fragte Charlotte.

Gluck lachte: „Dann muss man hinter der Bühne für die Sänger Handtücher bereithalten. Aber jetzt erst einmal ans Werk."

„Darf ich, während Sie handwerkeln, ein wenig in Ihrem Logbuch blättern?", fragte Charlotte.

„Aber sicher. Ich hoffe nur, dass ich mit meinem Regenmacher fertig werde, bevor die Schiffshupe ein Stück aus meiner Oper ‚Orpheus und Euridike' ertönen lässt."

„Na, dann will ich lieber nicht stören. Viel Glück", rief Charlotte, lief schnell in die Kombüse zu ihrem Fass und schlug das Logbuch auf.

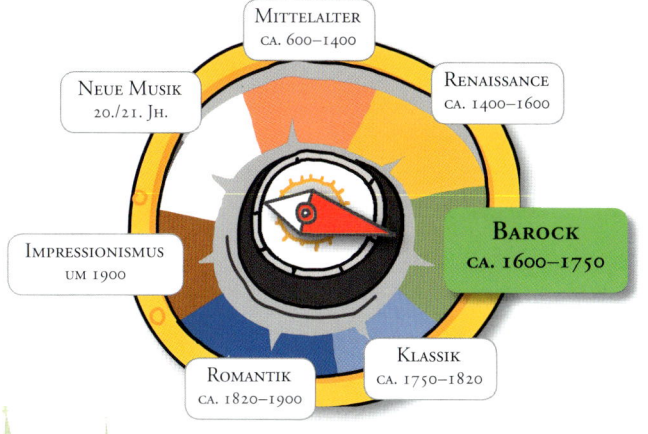

MITTELALTER
CA. 600–1400

RENAISSANCE
CA. 1400–1600

NEUE MUSIK
20./21. JH.

IMPRESSIONISMUS
UM 1900

BAROCK
CA. 1600–1750

ROMANTIK
CA. 1820–1900

KLASSIK
CA. 1750–1820

WICHTIGE

WERKE

Opern:

Orpheus und Euridike
Iphigenie in Aulis
Iphigenie auf Tauris
Alceste

AUS DEM LEBEN VON CHRISTOPH WILLIBALD GLUCK (1714–1787)

„**M**ein Vater war Forstmeister in einem böhmischen Ort und hatte mich zu seinem Nachfolger bestimmt. Aber in meiner Heimat treibt alles Musik (...). Leidenschaftlich für diese Kunst entflammt, kam ich erstaunlich schnell vorwärts (...).“

Als erstes von neun Kindern in Erasbach geboren, wusste Christoph Willibald Gluck anscheinend sehr genau, was er werden wollte: Komponist. In Prag schrieb er sich zwar an der Universität für Mathematik ein, aber seinen Lebensunterhalt verdiente er sich schon hier als Musiker. Mit 22 Jahren ging Gluck nach Wien. Sein musikalisches Talent wurde dort von dem italienischen Fürsten Melzi entdeckt, dem er nach Mailand folgte. Vier Jahre studierte er bei dem Komponisten Giovanni Battista Sammartini. Gluck schrieb nun Opern, die bald nach ihrer Vollendung in Mailand aufgeführt wurden und auch außerhalb Italiens erfolgreich waren. Sogar das Haymarket Theatre in London lud ihn ein. Gluck genoss seinen immer größer werdenden Ruhm und wurde Kapellmeister der reisenden Operntruppe Mingotti. Ab 1752 lebte er in Wien und komponierte für den kaiserlichen Hof. 22 Jahre später ernannte man ihn zum K. K. Hofkompositeur.

Gluck war sich sehr wohl bewusst, dass seine Opern etwas Neues und Ungewöhnliches besaßen. Was aber war das Besondere an den Gluck'schen Opern? Der Text erlangte eine größere Bedeutung. Die früheren Operntexte galten nun als unnatürlich und schematisch. Mit Gluck und seinen Textdichtern wurde ein neuer Opernstil kreiert, der das Natürliche betonte und die Figuren charaktervoll und mit Leidenschaft zeigte. Die Handlung war überschaubar, und unnötiger musikalischer Zierrat wurde weggelassen. Man nannte seine Opern deswegen „Reformopern“. Sein erstes Reformwerk war „Orpheus und Euridike“. Nach seinen letzten Opern, zu denen auch die erfolgreiche „Iphigenie auf Tauris“ gehörte, erlitt der Komponist im Herbst 1779 einen ersten Schlaganfall. Diesem sollten noch zwei weitere folgen. Sein Lebensabend wurde deshalb äußerst beschwerlich.

Orpheus führt Euridike aus der Unterwelt

Seine Frau Maria Anna wählte folgende Worte für seinen Grabstein:
„Hier ruht ein rechtschaffener deutscher Mann. Ein eifriger Christ. Ein treuer Gatte.
Christoph Ritter Gluck. Der erhabenen Tonkunst großer Meister."
Er starb am 15. November 1787.

BAROCKE THEATERMASCHINEN

Die Oper entstand um 1600 in Florenz und
wurde zu einer wichtigen musikalischen Gattung in der Barockzeit. Die Barockopern er-
forderten einen aufwändigen Bühnenaufbau,
denn man wollte die Handlung möglichst
lebensnah darstellen. Eine professionelle Büh-
nenmaschinerie ermöglichte das Versenken
oder Emporheben von Figuren. Fliegende
Götter und vorüberziehende Wolken konnten
vorgetäuscht oder Meer, Sturm und Regen,
Donner und Blitz auf der Bühne dargestellt
werden. Dies bewerkstelligten so genannte
Effektmaschinen, wie zum Beispiel die Wind-,
Regen- und Donnermaschine.

Die Windmaschine gehört zum Schlag-
werk. Um ein Holzrad ist grober Stoff gespannt. Dreht man das Rad mit Hilfe einer
Kurbel, reibt sich der Stoff daran und wird
zum Klingen gebracht. Der Wind heult
auf. Die Lautstärke verändert sich mit der
Drehgeschwindigkeit.

Regenmaschine

Die Regenmaschine ist eine mit Erbsen oder
Linsen gefüllte Trommel. Die Trommel wird
gedreht und erzeugt das Geräusch des Regens.

Die Donnermaschine ist ein hölzerner
Schacht, in dem im Inneren Holzleisten ange-
bracht sind. Rollt man Holz- oder Eisenku-
geln durch den Schacht, wird beim Aufschlag
auf die Leisten donnerähnliches Getöse
verursacht.

Windmaschine

Donnermaschine

37

Mini-Lexikon

K.K. Hofkompositeur	*Königlich-kaiserlicher Hofkomponist*
Regenmacher	*In Chile sehnen die Medizinmänner mit den Regenmachern den Regen herbei. Sie verwenden einen abgestorbenen, verholzten Copado-Kaktus, treiben dessen Stacheln in sein Inneres, füllen Kieselsteine ein, verschließen die Enden – und dann los!*

PRIVATISSIMO

Gluck erzählt aus seiner Kindheit: „Eines schönen Tages, mit wenigen Groschen in der Tasche, verließ ich heimlich das elterliche Haus und wanderte (...) auf Umwegen in der Richtung nach Wien. Unterwegs verschafften mir die Lieder auf meiner Maultrommel bei Bauersleuten

Nahrung und Nachtherberge (...). An den Sonn- und Festtagen spielte ich in den Dorfkirchen bald dieses, bald jenes Instrument, galt für einen Virtuosen, und gewöhnlich beherbergten mich die Pfarrherren, bei denen ich mich, zuweilen tagelang ihr gern gesehener Gast, frei und unabhängig als den glücklichsten Burschen der Welt fühlte."

Bei der Aufführung von Glucks Oper „Antigono" 1756 in Rom wurde der Komponist sehr gefeiert und angesichts seines großen Könnens zum päpstlichen „Ritter vom Goldenen Sporn" ernannt. Auch dem 14-jährigen Mozart wurde später diese Ehre zuteil. Während Mozart sich daraus nichts machte, trug Gluck den Titel Ritter nun stets in seinem Namen. Und als Ritter durfte er sogar mit dem Pferd in die Kirche reiten.

Orden vom
Goldenen Sporn

Theaterdonner

Gesucht ist der Name des italienischen Textdichters, der mit Christoph Willibald Gluck
mehrere Opern, darunter auch „Orpheus und Euridike", schuf. Die beiden lösten mit ihren
so genannten Reformopern die für die Barockzeit typische „ernste Oper" – die „opera seria" – ab.

1. Welchen Titel trug Gluck?

2. Wie heißt der Lehrer, bei dem Gluck in Mailand vier Jahre studierte?

3. Wo ist Gluck geboren?

4. Welchen Beruf übte Glucks Vater aus?

5. Mit welchem Tier durfte man als Ritter in die Kirche?

6. Zu welcher Instrumentengruppe gehört die Windmaschine?

Lösungswort:

Z

Charlotte klappte das Logbuch zu.
„So eine Windmaschine würde ich nur zu gerne einmal betätigen
und mir den Wind um die Ohren heulen lassen." – „Na, wir können gerne
nachher vor die Tür gehen, in den klaren Sternenhimmel schauen und dabei
dem Wind zuhören. Und wenn du unbedingt kurbeln willst, wie es bei einer
Windmaschine vonnöten ist – hier, bitte schön: Zwei Kilo Nüsse müssen durch die Mühle
gedreht werden." – „Wenn das so ist, gehe ich lieber erst mal nach draußen." Charlotte schlug
sich den Schal um den Hals und lief aufs Deck.

Kapitel 6

Charlotte klopfte an die mit Bauernmalereien geschmückte Tür.

„Herein", tönte es von drinnen. Charlotte öffnete: „Der Kaiserschmarrn für Sie, Herr Haydn, mit besten Grüßen von Smutje."

„Haben Sie herzlichen Dank und beste Grüße an den krähenden Hahn."

„An welchen Hahn?" Charlotte war etwas verwirrt.

Joseph Haydn lachte: „Ich ging einmal an der Kombüse vorbei und hörte Smutje ein Seemannslied singen – laut und krächzig. Da habe ich mir erlaubt, zu ihm hereinzuschauen und zu sagen: ‚Für eine Karriere als Kapellknabe am Wiener Stephansdom ist es zu spät!'"

„Und – war Smutje ärgerlich?", wollte Charlotte wissen.

„Nein, nein. Er fragte, wie ich darauf käme, dass er Kapellknabe werden wolle. Da habe ich ihm gesagt, dass mich sein Gesang an meine Jugend erinnert hat. Und dann habe ich ihm meine Geschichte erzählt. Da musste er schallend lachen."

„Die Geschichte möchte ich auch hören, bitte!", rief Charlotte.

„Na, nehmen Sie Platz. Wissen Sie, es war für mich ein großes Glück, als Junge an den Stephansdom in Wien zu kommen und in den Chor aufgenommen zu werden. Denn ich wurde nicht nur im Singen, sondern auch im Violin- und im Klavierspiel von guten Lehrern unterrichtet. Als ich jedoch 18 Jahre alt wurde, war mein Stimmbruch nicht mehr zu überhören. Bei einem Fest sagte die Kaiserin über mich: ‚Der kräht ja wie ein Hahn.' – Zudem war ich auch noch sehr frech und habe mir voller Übermut einen Dummejungenstreich erlaubt: Im Unterricht schnitt ich einem vor mir sitzenden Schüler – den ich nicht sehr mochte – seinen echten Haarzopf ab. Damit war mein Aufenthalt als Kapellknabe am Stephansdom beendet: Ich bekam Stockschläge auf die flache Hand – was sehr weh tat – und wurde aus dem Chor ausgewiesen. Und alles fing an mit der Hahnenkrächzerei … "

„O weh", bedauerte Charlotte.

„Nur kein Mitleid. Aufmüpfig war ich auch in meinem weiteren Leben."

„Wie meinen Sie das?", fragte Charlotte.

„Ich diente fast mein ganzes Leben als Kapellmeister und Komponist dem Fürsten Esterházy auf dem Landsitz Esterháza – mitten in der Pampa. In einem Sommer wollte der Fürst, der sonst ein guter war, uns Musikern keinen Urlaub geben. Aber unsere Sehnsucht nach den weit entfernt lebenden Familien war groß. So entschloss ich mich, die so genannte ‚Abschiedssinfonie‘ zu komponieren: Während die Sinfonie aufgeführt wird, packen die Musiker einer nach dem anderen die Instrumente ein, löschen das Licht am Notenpult und gehen von der Bühne ab."

„Und was hat der Fürst zu dieser raffinierten Frechheit gesagt?", fragte Charlotte aufgeregt.

„Erst war er aufgebracht, aber dann hat er sehr gut verstanden, was wir – die Musiker und ich – meinten. Und er hat uns schließlich unseren Urlaub gewährt."

„Gibt es noch mehr von diesen Geschichten aus Ihrem Leben?"

„Allerdings, hier ist das Logbuch. – Ich speise jetzt und warte, bis die Schiffshupe die Paukenschläge aus meiner ‚Sinfonie mit dem Paukenschlag‘ nachahmt. Ganz Wien wird wach sein, wenn ich ankomme."

Haydn nickte zufrieden.

Charlotte verabschiedete sich, ging zurück in die Kombüse und schlug das Logbuch auf.

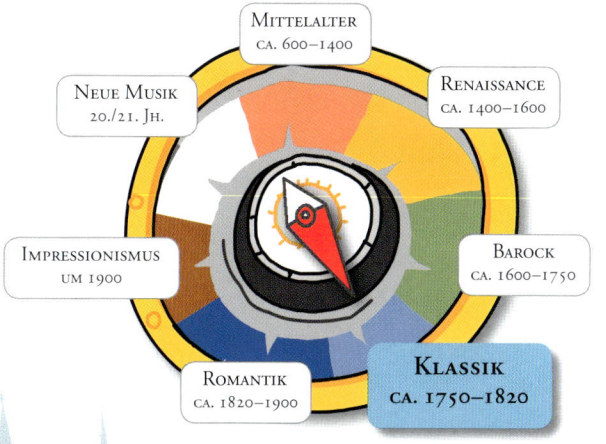

MITTELALTER
CA. 600–1400

RENAISSANCE
CA. 1400–1600

NEUE MUSIK
20./21. JH.

BAROCK
CA. 1600–1750

IMPRESSIONISMUS
UM 1900

KLASSIK
CA. 1750–1820

ROMANTIK
CA. 1820–1900

WICHTIGE
WERKE

Die Schöpfung (Oratorium)

Die Jahreszeiten (Oratorium)

104 Sinfonien
*(Sinfonie mit dem Pauken-
schlag, Abschiedssinfonie)*

Messen

Streichquartette
(Kaiserquartett)

Joseph Haydn

ÖSTERREICH

Salzburg

Wien

Markt Rohrau

Schloss Eszterháza

AUS DEM LEBEN VON JOSEPH HAYDN (1732–1809)

„**D**er Markt Rohrau besteht fast nur aus einer Doppelreihe ebenerdiger Häuser, von der Poststraße durchzogen (...). Feuchte Äcker und von Wässern durchsickerte Wiesen, mit Schilf, Rohr und Weidenbäumen bewachsene Flussufer gaben wohl dem Ort seinen Namen; (...) noch immer bewegt sich die Einwohnerzahl in gleicher Höhe (ca. 500); noch immer ist der Markt über die Häuserzahl 75 nicht hinausgekommen."

So beschreibt ein Haydn-Biograf einhundert Jahre nach Haydns Geburt den Ort im Burgenland in Österreich, an dem der Komponist das Licht der Welt erblickte – aller Wahrscheinlichkeit nach am 31. März 1732. Aktenkundig ist nur seine Taufe am 1. April. Haydn selbst legte aber großen Wert darauf, am letzten Tag im März geboren zu sein, denn er wollte nicht, „dass man sage, ich sei als Aprilnarr in die Welt getreten".

Der Vater war „bürgerlicher Wagenmeister zu Rohrau". Auf seiner Gesellenfahrt war er bis Frankfurt am Main gekommen, wo er wohl auch die „Harfe zu klimpern gelernt" hatte. Die Mutter war Köchin und hielt ihre sechs Kinder mit Strenge zu Reinlichkeit, Fleiß und

Ordnung an. Die Eltern bemerkten bald die Musikalität und die schöne Stimme ihres kleinen Josephs und waren so stolz, dass sie ihren sechsjährigen Sohn im Frühjahr 1738 dem Schuldirektor und Chorleiter zu Hainburg, Johann Mathias Franck, zur Ausbildung anvertrauten. Sein Heimatdorf wird Haydn nun erst 1795 wiedersehen.

Welches Heimweh muss den kleinen Jungen geplagt haben! Haydn berichtet, dass es in Hainburg mehr Prügel als Essen gab. Auch an Sauberkeit fehlte es im Hause Franck, sodass er sich manchmal „wie ein kleiner Igel" fühlte. Musikalisch wurde er allerdings gut ausgebildet, und dafür war er dem Ziehvater ein Leben lang dankbar. Im Jahr 1740 kam der begabte Junge als Kapellknabe des Stephansdoms nach Wien.

Einige Jahre später aber stand er als armer junger Mann völlig mittellos – „mit drey schlechten Hemden und einem abgenützten

Rock ausstaffiert" – auf einer Wiener Straße. Er wollte Komponist werden, aber aller Anfang ist schwer. Erst seine Stellung als Kapellmeister beim Fürsten Esterházy sicherte ihm sein täglich Brot. Für Haydn begann eine sehr arbeitsintensive Zeit. Es entstanden über 100 Sinfonien, zahlreiche Messen und viele

Das Streichquartett

Das Streichquartett ist eine Komposition mit meist vier Sätzen und gehört zur Kammermusik. Neben der Sinfonie, der Sonate, dem Lied und der Oper gilt das Streichquartett als zentrale musikalische Gattung. Es ist für vier (Quartett) Instrumente komponiert: für die erste Geige, die zweite Geige, die Bratsche und das Violoncello. Die erste Geige führt die anderen Instrumente und gibt das Tempo an. Es wird behauptet, dass man an einer Streichquartett-Komposition besonders gut erkennen kann, ob der Komponist oder die Komponistin begabt sind.
Die Wiener Klassik – die Epoche, in der auch Haydn lebte – war maßgebend für die Entwicklung dieser Gattung. Haydn gilt als „Vater des Streichquartetts". Er wurde von vielen Komponistenkollegen für seine Werke gelobt. 1797 komponierte Haydn das Kaiserquartett in C-Dur op. 76/3. Dem zweiten Satz dieses Quartetts liegt die Liedmelodie von „Gott erhalte Franz, den Kaiser" zugrunde. Diese Melodie wurde mit dem Text von Hoffmann von Fallersleben zur deutschen Nationalhymne.

Streichquartette. Auch in Paris und in London, wohin Haydn zwei ausgedehnte Reisen unternahm, wurde er als Komponist gefeiert. Mozart sagte über ihn:
„Keiner kann alles: schäkern und erschüttern, Lachen erregen und tiefe Rührung, und alles gleich gut als Haydn."

Stephansdom

Ludwig van Beethoven entwickelte das Streichquartett weiter und führte es zu einem neuen Höhepunkt. Franz Schuberts Streichquartett „Der Tod und das Mädchen" gehört zu den meist gespielten Quartetten. Auch im 20. Jahrhundert wurden noch Streichquartette komponiert, zum Beispiel Luigi Nonos Streichquartett „Fragmente – Stille, An Diotima" (1979/80).

Streichquartett

Mini-Lexikon

SLIPSTEK

Biograf	jemand, der das Leben eines anderen aufschreibt
Debüt	erstes Auftreten
Epoche	Zeitabschnitt
Markt, Marktflecken	kleine Ortschaft
Satz	eigenständiger Teil eines größeren Werkes
Wagenmeister	Angestellter eines Eisenbahnunternehmens oder eines Fuhrparks

PRIVATISSIMO

Joseph Haydns Debüt als Pauker wird in einer Biografie beschrieben:
„Joseph nahm einen kleinen Korb, wie ihn die Landleute zum Brotbacken brauchen, überspannte denselben mit einem Tuche, stellte seine Erfindung auf einen mit Tuch beschlagenen

Sessel und paukte mit so viel Freude, dass er nicht bemerkte, wie das Mehl aus dem Körbchen herausstaubte und der Sessel zugrunde gerichtet wurde. Er bekam dafür einen Verweis, doch war sein Lehrer leicht besänftigt, als er mit Erstaunen bemerkte, dass Joseph so geschwind ein vollkommener Paukenschläger geworden."

Haydn betrat mit seinem Freund Dittersdorf eine Kneipe, in der ein Menuett von ihm gespielt wurde. Haydn stellte sich neben den Geiger und fragte diesen ganz beiläufig, von wem dieses „Sau-Menuett" sei. Da sprangen der Geiger und seine Mitmusikanten zornentbrannt auf und hätten beinahe mit ihren Instrumenten auf Haydn eingedroschen, wenn dieser nicht von seinem Freund schnell aus der Tür geschoben worden wäre.

Fürstliches Rätsel

Die Lösung dieses Rätsels verrät den Namen des Fürsten, dem Joseph Haydn fast 30 Jahre gedient hat – in Eisenstadt und auf dem adeligen Landsitz in der Nähe des Neusiedler Sees.

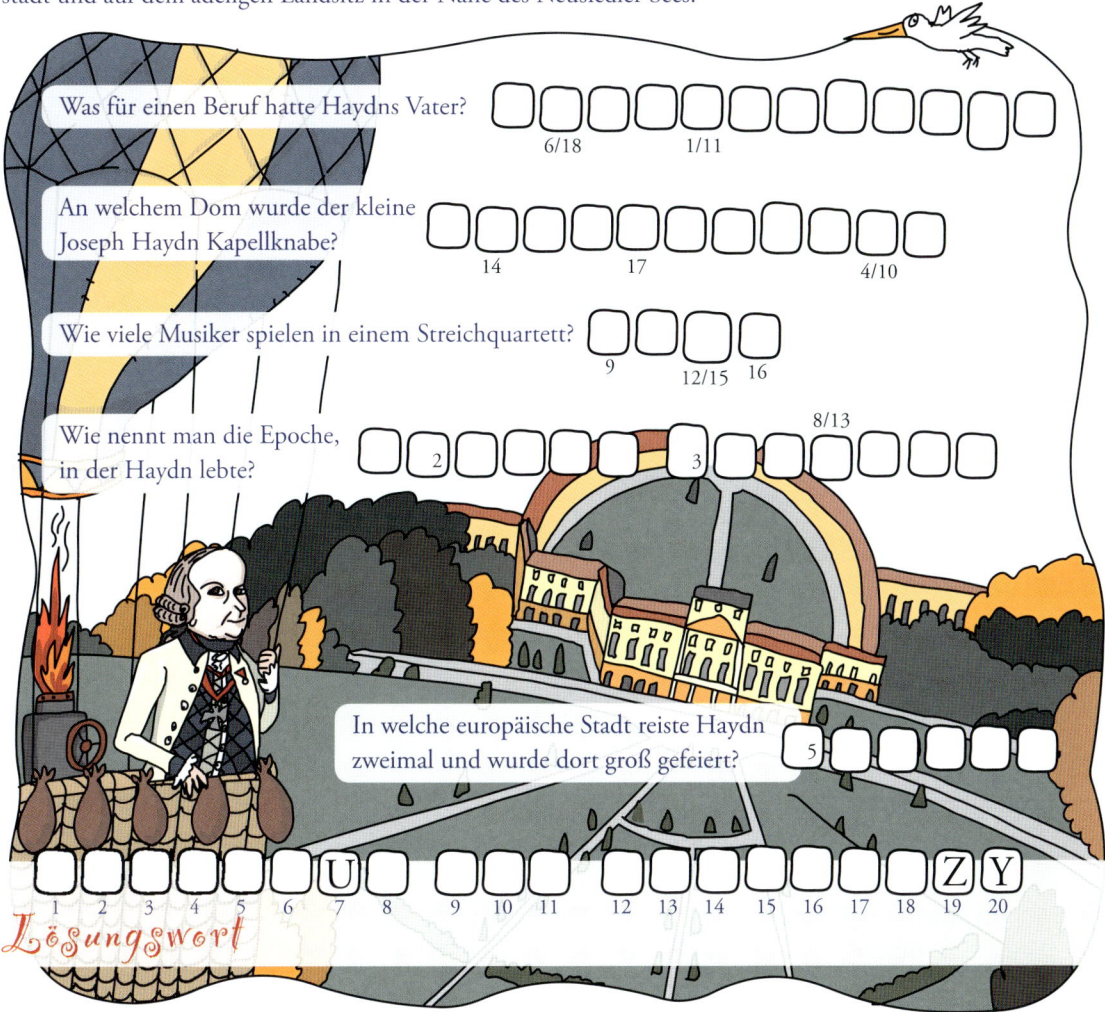

Was für einen Beruf hatte Haydns Vater?

6/18   1/11

An welchem Dom wurde der kleine Joseph Haydn Kapellknabe?

14   17   4/10

Wie viele Musiker spielen in einem Streichquartett?

9   12/15   16

Wie nennt man die Epoche, in der Haydn lebte?

2   3   8/13

In welche europäische Stadt reiste Haydn zweimal und wurde dort groß gefeiert?

5

Lösungswort

U   Z Y
1 2 3 4 5 6 7 8 9 10 11 12 13 14 15 16 17 18 19 20

Charlotte klappte das Logbuch zu.
„Ich würde auch gerne in Wien aussteigen und in ein Kaffeehaus gehen", schwärmte Charlotte. „Schmeckt dir mein Kaffee nicht oder wie darf ich das verstehen?", maulte Smutje. „Nein, nein", antwortete Charlotte schnell, „aber bedient werden, eine Sachertorte essen und eine Melange trinken – das könnte mir schon gefallen." – „Na, wenn das momentan das Glück auf Erden für dich sein sollte … Diesem Wunsch kann entsprochen werden. Holst du mir bitte die Eier aus der Speisekammer?" – „Mach ich, aber wozu brauchst du am späten Abend noch Eier?" – „Überraschung", antwortete Smutje und schlug sein vergilbtzerzuckertbekleckertes Kochbuch auf.

Kapitel 7

„Gnädige Frau, was darf ich Ihnen bringen?", fragte Smutje und schaukelte
dabei die Hängematte leicht hin und her.
Charlotte schlug die Augen auf: „Was für eine
vornehme morgendliche Begrüßung. Einen
Kaffee, bitte."

„Ach, die gnädige Frau", erwiderte Smutje,
„meint einen Braunen. Sehr gerne. Und darf
ich dazu ein Stück Sachertorte reichen?"

„Das ist ja wie im Kaffeehaus", freute sich
Charlotte.

Smutje schmunzelte: „Wird gemacht, gnädige Frau, und küss die Hand."
Dann machte er einen kleinen Diener und verschwand. Charlotte kletterte
schnell aus ihrer Hängematte heraus und folgte ihm.

Smutje wurde ärgerlich. „Du sollst doch liegen bleiben und dich bedienen lassen.
Das hattest du dir doch gewünscht."

„Aber Smutje, das war doch nicht so ernst gemeint. Ich kann mich nicht so von dir
verwöhnen lassen. Wo kommen wir denn da hin!" Da sah Charlotte die große Torte
auf dem Tisch stehen. Gerührt rief sie: „Was bist du doch für ein herzensguter Smutje.
Komm, wir machen es uns gemütlich und kosten von diesem Zauberwerk."

„Gerne. Aber zuerst muss noch Herr Schubert bedient werden."

„Wird erledigt", rief Charlotte, nahm beherzt das Tablett in die Hand und lief zu einer schlichten Holztür am Ende des Ganges. Charlotte klopfte. Ein Mann mit dunklen Haaren und kleiner runder Brille öffnete: „Hereinspaziert!"

Charlotte wollte das Tablett auf dem wackeligen Schreibtisch abstellen. Aber der
ganze Fußboden war übersät mit beschriebenen Notenblättern – ein Durchkommen,
ohne daraufzutreten, schien nahezu unmöglich.

Und mitten auf dem Tisch saß eine zerzauste Krähe.

„Darf ich vorstellen, mein wunderliches Tier", sagte Schubert. Als er Charlottes
hilfloses Um-sich-Blicken sah, bückte er sich schnell und sammelte die Blätter auf:
„Meine neueste Komposition: Die ‚Winterreise'. Ein Liederzyklus – besteht aus 24
Liedern."

Schubert legte die Blätter in einem kleinen Stapel auf den Tisch. Charlotte stellte nun das Tablett ab, warf einen Blick auf das oberste Papier und las laut, was darauf stand: „‚Der Lindenbaum‘. – Würden Sie mir das Lied vorsingen?", bat Charlotte.

„Nein, lieber nicht", krähte die Krähe, „der Franzl krächzt so wie ich – das macht keine Freude, obwohl es in der ‚Winterreise‘ so viele traurig-schöne Lieder gibt." Charlotte war baff. Eine sprechende Krähe!

„Da hören Sie es." Ein Lächeln huschte über Schuberts Gesicht, und Charlotte fragte schnell: „Darf ich denn in Ihrem Logbuch lesen?"

„Bitte, gerne. Sie können es mitnehmen. Ich werde nun meine Habseligkeiten packen und auf meine Ankunft in Wien warten. Die Schiffshupe wird das Lied ‚Am Brunnen vor dem Tore‘ erschallen lassen, und dann bin ich zu Hause.

Charlotte knickste, ging zurück in die Kombüse und schlug das Logbuch auf.

MITTELALTER
CA. 600–1400

NEUE MUSIK
20./21. JH.

RENAISSANCE
CA. 1400–1600

IMPRESSIONISMUS
UM 1900

BAROCK
CA. 1600–1750

KLASSIK
CA. 1750–1820

ROMANTIK
CA. 1820–1900

WICHTIGE WERKE

Über 600 Lieder

Liederzyklen:
Die schöne Müllerin
Winterreise
Schwanengesang

8 Sinfonien

Klaviermusik

Kammermusik

Chormusik

Franz Schubert

AUS DEM LEBEN VON
FRANZ SCHUBERT (1797–1828)

Franz Peter Schubert wurde als zwölftes Kind am 31. Januar 1797 in Wien geboren. Leider lernte er nur vier seiner Brüder kennen, da die anderen sehr früh gestorben waren. Er kam im Schulhaus auf die Welt, in dem sein Vater unterrichtete. Damals hatten die meisten Häuser Namen und dieses hieß „Zum roten Krebsen". Es befand sich in einem der 34 Wiener Bezirke, der Himmelpfortgrund heißt. Dort gibt es die berühmte Himmelpfortstiege mit 75 Stufen, die der kleine und große Franz sehr oft rauf und runter gerannt, gestolpert, getanzt und gehüpft ist. Als er acht Jahre als war, unterrichtete sein Vater ihn im Geigenspiel, und sein älterer Bruder weihte ihn in die Geheimnisse des Klavierspiels ein. Jedoch berichtete sein Bruder Ignaz:

„Ich war sehr erstaunt, als er kaum nach einigen Monaten mir ankündigte, dass er nun meines ferneren Unterrichts nicht mehr bedürfe und er sich schon selber forthelfen wolle. Und in der Tat brachte er es in kurzer Zeit so weit, dass ich ihn selbst als einen mich weit übertreffenden und nicht mehr einzuholenden Meister anerkennen musste."

Als Elfjähriger wurde Schubert Sängerknabe der kaiserlichen Hofkapelle. Antonio Salieri, der Komponist, der sich oft mit Wolfgang Amadeus Mozart „in den Haaren hatte", unterrichtete ihn in Komposition. Später wurde er zum Lehrergehilfen ausgebildet und arbeitete bei seinem Vater in der Schule. Aber eigentlich wollte er – wie so viele Komponisten – nur komponieren und hängte eines Tages seinen Lehrerberuf an den Nagel. Er schrieb acht Sinfonien, Messen, Klavierwerke, Kammermusik, Opern (die jedoch heute sehr selten aufgeführt werden) und über 600 Lieder. Uraufgeführt wurden viele davon auf den berühmt-berüchtigten „Schubertiaden". Eine Schubertiade war ein geselliger Abend mit Freunden von Schubert – Musiker, Maler und Dichter –, denen er seine neuen Werke vorstellte. Leider war Franz Schubert das gesellige Leben nicht lange vergönnt, denn er starb schon 1828 – mit 31 Jahren.

Himmelpfortstiege

Das Lied

Das Lied ist ein vertonter Text – oft ein Gedicht. Typisch sind mehrere Strophen und ein immer wiederkehrender Refrain. Es gibt viele Arten von Liedern, zum Beispiel Kinderlieder, Volkslieder, Kirchenlieder, Choräle, Gospelsongs und Balladen.

Im Mittelalter zogen die Minnesänger von Hof zu Hof und sangen Helden- und Liebeslieder. Sie begleiteten sich dabei auf einer kleinen Harfe oder Laute. In der Zeit der Romantik, in der Franz Schubert lebte, entstand das deutsche Kunstlied. Besonders gerne wurden damals Gedichte bekannter Schriftsteller vertont. Die Sängerin oder der Sänger tragen das Lied vor und werden dabei von einem Pianisten begleitet.

Das Kunstlied wurde vor allem dank Schubert sehr berühmt. Im Winter ging Schubert nach seiner Arbeit in der Schule in sein ungeheiztes Zimmer und legte sich ins Bett – der einzige warme Ort im Haus. Dort komponierte er seine Lieder, die meist von der Liebe handeln, welche ihm selbst in seinem kurzen Leben versagt blieb.

Ein sehr beliebtes Kunstlied von Schubert heißt „Gretchen am Spinnrad". Der Text stammt von keinem Geringeren als Johann Wolfgang von Goethe. In der Klavierbegleitung wird sogar das Surren des Spinnrades nachgeahmt. Franz Schubert hat drei sehr bekannte Liederzyklen komponiert: „Die schöne Müllerin", die „Winterreise" und den „Schwanengesang".

Gretchen am Spinnrad

Bilderrätsel

Was ist hier abgebildet? Die Begriffe werden aufgeschrieben und die jeweiligen Buchstaben in die unten stehende Leiste eingefügt. Zu guter Letzt erhält man den Titel eines berühmten Kunstliedes von Schubert.

Lösungswort:

Mini-Lexikon

Ballade	*Gedicht, in dem eine spannende Geschichte erzählt wird*
Choral	*Kirchenlied*
Gospelsong	*religiöse Liedform aus Nordamerika*
Liederzyklus	*Folge von Liedern, die einen textlichen und musikalischen Zusammenhang haben*
Refrain	*Kehrreim*

WEBLEINSTEK

PRIVATISSIMO

Schubert trug immer eine kleine Brille, sogar im Bett. Als er eines Tages darauf angesprochen wurde, warum er sie denn nicht zum Schlafen absetzen würde, antwortete er: „Damit ich meine Träume besser sehen kann."

Ein Zeitgenosse von Schubert berichtet über die Kinder der Wiener Vorstädte:

„(...) Ihre Eltern, meist außerhalb des Hauses beschäftigt, können sich nicht viel um ihre Sprösslinge bekümmern. Diese, kaum auf der Welt (...), tauschen Holzspäne gegen Kirschen, ein Stück Brot gegen ein Würstlein oder ein Würstlein gegen einen lebkuchenen Reiter oder ein lebkuchenes Fatschenkind (Wickelkind) gegen ein paar Erdäpfel (Kartoffeln)."

Schubert hängt seinen Beruf als Lehrergehilfe an den Nagel

Schneckenrätsel

Das Lösungswort dieses Rätsels nennt ein Gefühl, das für die Künstler in der Romantik eine große Rolle spielte.

1. Wie heißt Franz Schubert mit zweitem Namen?

2. Die Müllerin in Schuberts bekanntem Liederzyklus ist nicht hässlich, sondern ...?

3. Wie viele Stufen hat die Himmelpfortstiege?

4. Wer lehrte Schubert zuerst Komposition?

5. Wie nennt man auf Wienerisch ein „Wickelkind"?

6. Wer sitzt in einem bekannten Schubertlied am Spinnrad?

7. Wie nennt man die Zeit, in der Schubert lebte?

Lösungswort

Charlotte klappte das Logbuch zu.

„Einen glücklichen Eindruck hat Schubert nicht gerade gemacht. Sein Leben liest sich nicht heiter. Und eine Krähe ist auch kein Kuscheltier."

„Charlottchen, Charlottchen, jetzt werde aber bitte nicht traurig. Wenn der Schubert erst wieder in Wien ist, werden seine Freunde ihn aufmuntern. Und vielleicht findet schon bald wieder eine ‚Schubertiade' statt, die ihm vor Ohren führt, was für wundervolle Musik er komponiert hat. – Bekomm ich jetzt wieder ein Lächeln von dir?"

Kapitel 8

„Charlotte, Herr Berlioz wünscht Kamillentee", rief Smutje in die Kombüse, während Charlotte in einem dampfenden Kochtopf rührte.

„Alles klar", antwortete Charlotte, legte den Deckel auf den Topf und ging in die Speisekammer, um die Kamillenblüten zu holen. Als sie zurückkam, stand Smutje vor dem brodelnden Topf und hatte den Kochlöffel hineingesteckt, um zu probieren.

Charlotte guckte ihn erwartungsvoll an:

„Und?" – „Nicht schlecht, nicht schlecht. Wunderbare Krautsuppe. Sogar das Kräutlein Nießmitlust hast du nicht vergessen", zwinkerte Smutje ihr zu.

Charlotte freute sich.

„Du wirst ja rot, Charlotte."

Charlotte drehte sich weg und ging schnell den Wasserkessel füllen. Nach einem Moment des Schweigens fragte sie: „Warum braucht Hector Berlioz eigentlich Kamillentee?"

„Er ist seekrank. Und dann kommt bei dieser Kreuzfahrt sicherlich dazu, dass er viel an seinen Sohn denken muss, der als Kapitän auf einem Handelsschiff nach Mexiko reiste, das gefürchtete Gelbfieber bekam und vor Havanna verstarb."

„Was für eine Schreckensnachricht muss das für ihn gewesen sein. Ich werde ihm einen besonders guten Kamillentee kochen", sagte Charlotte, goss das heiße Wasser auf und verschwand mit Kanne und Tasse aus der Küche. Vor einer goldverzierten Tür machte sie Halt, klopfte an und öffnete mit dem geschwungenen Griff.

„Guten Morgen, Monsieur, Ihr Tee."

Ein freundliches Gesicht, umrahmt von großen Locken, antwortete: „Oh, ich danke Ihnen. Warum mich kurz vor meinem Reiseziel auch noch diese Seekrankheit befallen muss! Aber sie ist zum Glück nichts gegen meine damalige Schneekrankheit."

„Schneekrankheit? Sie machen mich neugierig."

„Auf meiner beschwerlichen zweiwöchigen Reise von Paris nach Sankt Petersburg waren die vier letzten Tage und Nächte voller ungeahnter Qualen. Ich saß in einem eisernen Schlitten, in den der Schneestaub hineindrang, und wurde aufs Heftigste

hin und her geschüttelt, wie Bleikörner, mit denen man eine Flasche reinigt. Ich erlitt schlimme Prellungen an Kopf und Gliedmaßen, welche von den Stößen herrührten, die man alle Augenblicke von den Wänden des Schlittens versetzt bekam. Außerdem befiel mich eine Übelkeit, die man wegen ihrer Heftigkeit und Ähnlichkeit mit der Seekrankheit gut ‚Schneekrankheit' nennen kann."

„Eine solche Schlittenfahrt klingt ja alles andere als bequem", sagte Charlotte erschrocken.

„Wie dem auch sei, ich muss jetzt packen, bevor die Schiffshupe aus meiner ‚Symphonie fantastique' etwas zum Besten gibt und ich an Land gehe. Schmökern Sie in meinem Logbuch. Darin stehen noch so manch andere Geschichten aus meinem Leben." Berlioz reichte Charlotte das Buch.

Charlotte dankte, machte kehrt und ruckelte Schlitten spielend in die Kombüse. Dort nahm sie auf dem Fass Platz und schlug das Logbuch auf.

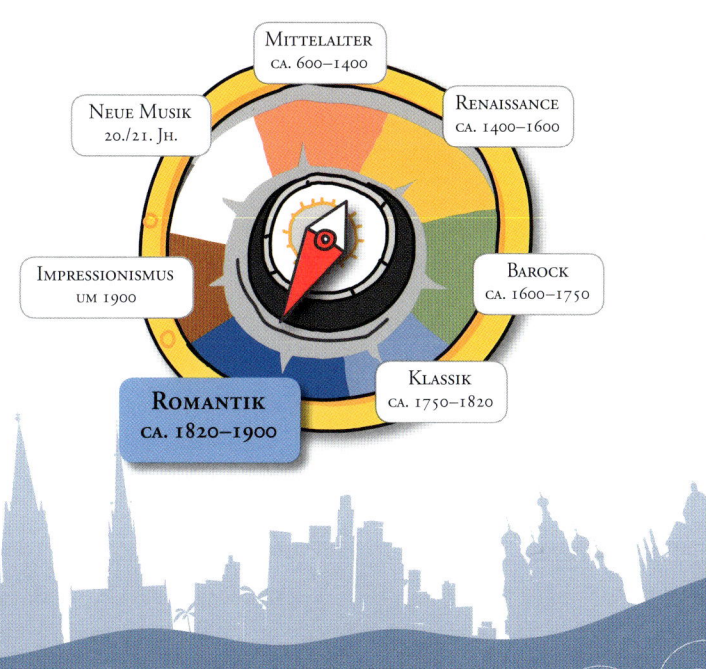

MITTELALTER
CA. 600–1400

RENAISSANCE
CA. 1400–1600

NEUE MUSIK
20./21. JH.

IMPRESSIONISMUS
UM 1900

BAROCK
CA. 1600–1750

KLASSIK
CA. 1750–1820

ROMANTIK
CA. 1820–1900

WICHTIGE
WERKE

Symphonie fantastique
(fantastische Sinfonie)

Romeo und Julia
(Sinfonie für Soli,
Chöre und Orchester)

Die Trojaner (Oper)

Fausts Verdammnis
(Oper)

Aus dem Leben von Hector Berlioz (1803–1869)

„Ich wurde am 11. Dezember 1803 in La Côte-Saint-André geboren, einer sehr kleinen französischen Stadt, die im Departement Isère zwischen Vienne, Grenoble und Lyon liegt." So beginnt Hector Berlioz seine Memoiren. Dieses Buch – Berlioz schrieb es ab 1848 – ist für die Nachwelt, also für uns, eine wunderbare Sache, denn darin erzählt er auf über fünfhundert Seiten sehr genau, wie sein Leben verlaufen ist.

Hectors Vater war ein sehr verdienstvoller Arzt, der seinen Sohn über alles liebte. Er nahm ihn sogar wieder aus der Schule, weil er der Meinung war, sein Sohn lerne dort zu wenig, und unterrichtete ihn von nun an selbst. „Armer Vater, mit welcher unermüdlichen Geduld, mit welch gründlicher und kluger Sorgfalt lehrte er mich auf diese Weise Sprachen, Literatur, Geschichte, Geographie und Musik!"

Der Vater wünschte sich sehr, dass Hector seinen Beruf ergreifen würde, und so ging Berlioz nach Paris und studierte ein Jahr lang Medizin – wohl aus Pflichtbewusstsein seinem Vater gegenüber. Dann brach er das Studium ab und widmete sich ganz der Musik. Die Eltern, vor allem die Mutter, waren entsetzt. Erst als Hector – im vierten Versuch – den begehrten Rompreis für Komposition gewann, verzogen sich die familiären Unwetterwolken ein wenig.

Eines Abends wohnte Berlioz der Aufführung einer englischen Theatergruppe bei, die in Paris Stücke von William Shakespeare spielte. Gegeben wurde „Hamlet", und Hector verliebte sich unsterblich in die Schauspielerin der Orphelia namens Harriet Smithson – aber auch in Shakespeares Werk. Fünf Jahre später wurde diese Schauspielerin seine Frau. Zwar humpelte Harriet zur Hochzeit, weil sie ein gebrochenes Bein hatte, aber wunderschön war sie trotzdem. Im Jahr darauf kam ihr Sohn Louis zur Welt.

Seinen Lebensunterhalt verdiente Berlioz lange Zeit überwiegend als Musikkritiker und ab 1838 auch als Bibliothekar. Dank des Teufelsgeigers Paganini, der ihm aus Verehrung und Wohlwollen im Jahr 1839 sage und schreibe 20 000 Francs schenkte, konnte er sich wieder vermehrt seinen Kompositionen widmen. Ab 1841 reiste Berlioz auch als Dirigent seiner Werke ins Ausland. Auf diesen Reisen (durch Deutschland, Russland und England) begleitete ihn die Sängerin Marie Recio. Berechtigterweise war seine Frau Harriet eifersüchtig.

Der finanzielle Erfolg seiner Oper „Die Trojaner" erlaubte es ihm, sich mehr und mehr aus dem Arbeitsleben zurückzuziehen. Nachdem auch seine zweite Frau Marie 1862 gestorben war (er hatte sie nach Harriets Tod geheiratet), fiel er in große Traurigkeit. Am 8. März 1869 starb er und wurde auf dem berühmten Pariser Friedhof Montmartre begraben.

PROGRAMMMUSIK

In der Zeit der Romantik, in der Berlioz lebte, spielte die Programmmusik eine wichtige Rolle. Unter „Programmmusik" versteht man Kompositionen, denen außermusikalische Ideen zugrunde liegen. Das Programm kann zum Beispiel ein Gedicht sein, das den Komponisten angeregt hat, oder ein literarisches Werk, ein politisches Ereignis, ein Bild oder die Natur. In der Programmmusik „malt die Musik mit Tönen" und ahmt zum Beispiel Naturereignisse wie ein Gewitter mit Donner, Blitz und Sturm nach.

Berlioz hat im Alter von 27 Jahren seine großartige „Symphonie fantastique" geschrieben und dabei ein ganz bestimmtes Programm im Kopf gehabt. Er erzählt mit seiner Musik fünf „Episoden aus dem Leben eines Künstlers" – und erzählt damit auch von sich selbst.

Allen fünf Sätzen der Sinfonie hat Berlioz Überschriften gegeben, die den Zuhörer eine Geschichte in der Musik hören lassen:

die wunderschöne Frau

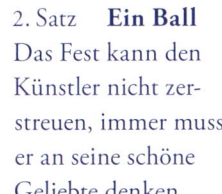

1. Satz   Träumereien – Leidenschaften
Der Künstler verliebt sich in eine wunderschöne Frau. Immer wenn er an sie denkt, hört er einen musikalischen Gedanken, der die Hauptmelodie der Sinfonie ist und in jedem Satz erklingt.

2. Satz   Ein Ball
Das Fest kann den Künstler nicht zerstreuen, immer muss er an seine schöne Geliebte denken.

3. Satz   Szenen auf dem Lande
Der Künstler kommt ein wenig zu Ruhe und hofft, bald bei der Geliebten zu sein. Am Ende des Satzes hört man jedoch Donnergrollen, dann Einsamkeit ... Stille.

4. Satz   Marsch zur Hinrichtung
Der Künstler will sich mit Opium vergiften. Die Dosis ist jedoch zu schwach. Er bekommt schauerlichste Visionen, in denen er erst seine Geliebte tötet und dann selbst hingerichtet werden soll.

5. Satz   Traum von einer Walpurgisnacht
Zu seiner Totenfeier kommen Hexen und Ungeheuer aller Art. Gruselkabinett. Sogar seine Liebesmelodie erklingt, jedoch so vereinfacht und banal, dass man glauben muss, die Geliebte sei zu den Hexen übergelaufen. Die Sinfonie endet als Sabbat-Tanz.

Mini-Lexikon

Richard Dehmel	*deutscher Dichter (1863–1920)*
Victor Hartmann	*russischer Maler (1834–1873)*
Memoiren	*Lebenserinnerungen*
Niccolò Paganini	*italienischer Geigenvirtuose (1782–1840)*
William Shakespeare	*englischer Dichter (1564–1616)*
Till Eulenspiegel	*Gaukler und Schalksnarr, erstmals 1510 in einem Volksbuch erwähnt*

TROMPETENKNOTEN

PRIVATISSIMO

Aus den Memoiren von Hector Berlioz. Die Liebe eines zwölfjährigen Herzens:

„Ganz dicht am steilen Berghang steht inmitten von Wein und Gärten ein weißes Häuschen (...). Dahinter einige felsige Hügel, eine alte Turmruine, Wälder (...). Es war die Villa von Madame Gautier, die hier während der Sommermonate mit ihren beiden Nichten wohnte, von denen die jüngere Estelle hieß. Sie (...) war achtzehn Jahre alt, von hohem schlankem Wuchs, hatte große, kampfbereite und doch stets lächelnde Augen; (...) sie hatte die Füße, ich will nicht sagen: einer Andalusierin, aber doch einer echten Pariserin und rosa Schnürstiefel! (...) Bei ihrem Anblick durchfuhr mich ein elektrischer Schlag; ich liebte sie, damit ist alles gesagt."

Berlioz wird diese erste Liebe nicht vergessen und ihr noch 1848 einen Liebesbrief schreiben, ohne seinen Namen zu nennen. Und er wird sie viele Jahre später, 1864, in Lyon wiedersehen: „Ich erkannte ihren Gang und ihre Haltung wieder, die denen einer Göttin glichen (...). Gott! Wie verändert schien mir ihr Gesicht! Ihr Teint war ein wenig dunkler geworden, ihr Haar ergraut. Dennoch zögerte mein Herz bei ihrem Anblick auch nicht einen Augenblick, und meine Seele flog ihrem Idol entgegen, als wäre es noch immer strahlend schön."

Von einem, der auszog, das Programm zu suchen

Welche Komponisten haben – von Gedichten, Bildern oder anderen Ideen angeregt – diese Werke geschrieben?

1. Streichsextett **„Verklärte Nacht"**
(ein Gedicht von Richard Dehmel als Vorlage)

....

2. **„Till Eulenspiegel"** für Orchester
(eine Figur aus der Literatur – der Till –
als Anregung)

....

3. **„Die Moldau"** für Orchester
(Verehrung für den Fluss)

....

4. **„Vier Jahreszeiten"** für Orchester
(das Jahr mit seinen Jahreszeiten wird vorgestellt, Gewitter inbegriffen)

....

5. **„Bilder einer Ausstellung"** für Klavier
(10 Bildern des Malers Victor Hartmann als
Anregung)

....

6. **„Wellingtons Sieg"** für Orchester
(ein politisches Ereignis als Impuls)

....

Charlotte klappte das Logbuch zu.

„Langeweile kommt in Berlioz' Leben nicht vor. Das klingt alles ganz schön temporeich." Charlotte saß zusammengesunken auf dem Fass.

„Und durch so manche ‚Lebenskälten' musste er auch durch."

„Liebeskummer oder zu wenig Aufträge?", fragte Smutje teilnahmsvoll.

„Das kann ich jetzt nicht alles erzählen. Manchmal können diese Logbücher ganz schön anstrengend sein. Ich gehe jetzt hoch an Deck, lasse mir die Sonne ins Gesicht scheinen und möchte auf andere Gedanken kommen."

Smutje blieb verdattert zurück und brummelte vor sich hin: „Selbst schuld. Schließlich willst du ja immer alles wissen … "

Kapitel 9

„Bitte Nudeln abgießen! Wenn wir Herrn Verdi klebrige Nudeln bringen – au weia, das wäre mir dann doch unangenehm. ‚Al dente‘ müssen sie sein, ‚al dente‘.“ Charlotte stellte das Sieb in die Spüle, griff mit beiden Händen nach dem heißen Topf und kippte das dampfende Wasser ab. Smutje richtete die Pasta auf dem Teller an, kleckste das Pesto auf die Nudeln, streute den geriebenen Parmesankäse darauf und hielt Charlotte den duftenden Teller hin. „Zweite Tür auf der linken Seite.“ – „Du könntest auch mal wieder ‚Bitte‘ und ‚Danke‘ sagen. Ich bin doch keine Küchenmagd“, maulte Charlotte und lief mit gesenktem Kopf, den Teller balancierend, aus der Kombüse hinaus auf den Flur bis zur genannten Tür. Nachdem sie angeklopft hatte, öffnete ein zierlicher Herr mit dunklen Augen und gepflegtem Bart.

„Treten Sie ein. Oh, es duftet wunderbar. Wollen Sie sich nicht mit mir an den Tisch setzen und mir Gesellschaft leisten? Es würde mich sehr freuen.“

Charlotte nickte stumm.

„Sind Sie betrübt?“, fragte Verdi teilnahmsvoll. Charlotte schüttelte den Kopf.

„Wissen Sie, man sollte sich von nichts und niemandem das Leben vergällen lassen. Erfreuen Sie sich an den schönen Dingen. Aber vielleicht muss man auch erst alt werden, um zu erkennen, dass es nicht lohnt, sich zu ärgern. Im Verlauf meines Komponistenlebens ging es oft sehr intrigant zu. Ich wusste, dass ich mir einen Ort schaffen musste, an dem ich mich zurückziehen und alles Ungute zurücklassen konnte. Und so kaufte ich mir den Landsitz Sant’Agata. Schon wenn ich das Gartentor durchschritt und mich die hohe Weide begrüßte, ging es mir gut. Ich freute mich auf meine beiden Lieblingspferde und die Gartenarbeit. Ein wunderbarer Ausgleich zum Opernkomponieren. Freunde brachten mir aus den Baumschulen in Genua Samen, Knollen und Pflanzen mit, einmal sogar zehn Magnolien. Ich verbrachte ganze Tage auf den Feldern, jagte in den Flussauen oder ritt durch die umliegenden Wälder. Ich spielte mit meiner Frau Karten oder Boccia und hatte viele Tiere, die um mich herumtollten, um meine Beine schnurrten oder auf meiner Hand

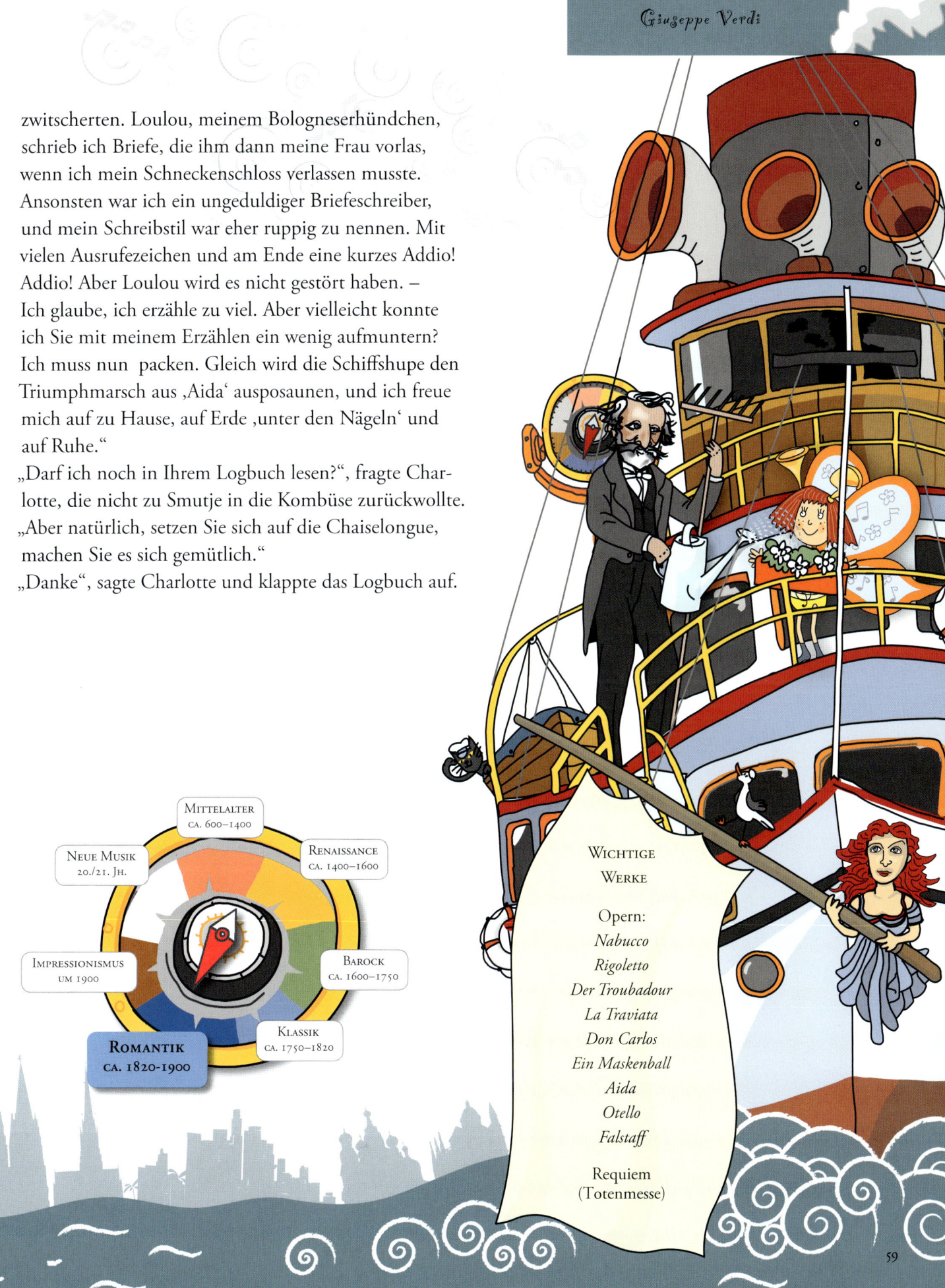

zwitscherten. Loulou, meinem Bologneserhündchen, schrieb ich Briefe, die ihm dann meine Frau vorlas, wenn ich mein Schneckenschloss verlassen musste. Ansonsten war ich ein ungeduldiger Briefeschreiber, und mein Schreibstil war eher ruppig zu nennen. Mit vielen Ausrufezeichen und am Ende eine kurzes Addio! Addio! Aber Loulou wird es nicht gestört haben. – Ich glaube, ich erzähle zu viel. Aber vielleicht konnte ich Sie mit meinem Erzählen ein wenig aufmuntern? Ich muss nun packen. Gleich wird die Schiffshupe den Triumphmarsch aus ,Aida' ausposaunen, und ich freue mich auf zu Hause, auf Erde ,unter den Nägeln' und auf Ruhe."

„Darf ich noch in Ihrem Logbuch lesen?", fragte Charlotte, die nicht zu Smutje in die Kombüse zurückwollte.

„Aber natürlich, setzen Sie sich auf die Chaiselongue, machen Sie es sich gemütlich."

„Danke", sagte Charlotte und klappte das Logbuch auf.

MITTELALTER
CA. 600–1400

NEUE MUSIK
20./21. JH.

RENAISSANCE
CA. 1400–1600

IMPRESSIONISMUS
UM 1900

BAROCK
CA. 1600–1750

KLASSIK
CA. 1750–1820

ROMANTIK
CA. 1820–1900

WICHTIGE
WERKE

Opern:
Nabucco
Rigoletto
Der Troubadour
La Traviata
Don Carlos
Ein Maskenball
Aida
Otello
Falstaff

Requiem
(Totenmesse)

AUS DEM LEBEN VON GIUSEPPE VERDI (1813–1901)

In „Armut und Dunkelheit" hineingeboren, so beschrieb Giuseppe Verdi seine Kindheit. Im Hinterzimmer surrte der Webstuhl der Mutter, aus der Osteria klapperte das Geschirr. Eine einsame Pappelallee in der nebelverhangenen Ebene führte den Vater Carlo nach Parma auf den Markt.

Trotz der sehr bescheidenen Verhältnisse, in denen Giuseppe aufwuchs, waren seine Eltern sehr um seine Ausbildung bemüht. Er sollte Organist werden. Mit sieben Jahren bekam der Sohn ein kleines Tasteninstrument – ein Spinett – geschenkt, an dem er sein Leben lang hing.

Giuseppe war ein fleißiges Kind, voller Ernst, und schon mit zwölf Jahren übertrug man ihm eine volle Organistenstelle. Als er sich jedoch am Mailänder Konservatorium bewarb, wurde er abgelehnt. (Diese Schmach in jungen Jahren hatte Verdi selbst im Alter von 84 Jahren nicht verwunden: Verdi war empört, als er erfuhr, dass das Konservatorium nun – nachdem er ein erfolgreicher Komponist geworden war – mit seinem Namen geschmückt werden sollte.)

Antonio Barezzi, ein wohlhabender Kaufmann, den Verdi als gütig, gerecht und herzlich beschreibt, unterstützte den jungen Musiker finanziell, sodass dieser sich Privatunterricht leisten konnte. Zudem heiratete Verdi dessen lebenslustige Tochter Margherita. Aber die Lebenslust versickerte, da ihre beiden Kinder bald nach der Geburt starben und Geldnot herrschte. Als dann auch noch Margherita an einer Gehirnhautentzündung verschied, fiel Verdi in eine tiefe Depression. Nur die musikalische Arbeit tröstete ihn. 1842 gelang ihm mit seiner Oper „Nabucco" der Durchbruch, und man bezeichnete ihn als „kommenden Meister des italienischen Opernschaffens". Bei den Aufführungen lernte er die Sängerin Giuseppina Strepponi schätzen und lieben. Sie nannte ihn einen „Dickschädel mit dem Herzen eines Engels". Verdi feierte mit seinen Opern „Rigoletto", „La Traviata", „Don Carlos", „Aida", „Otello" und „Falstaff" große Erfolge. Und bis heute sind die Spielpläne der Opernhäuser in aller Welt gefüllt mit seinen Werken.

AIDA

Eine der bekanntesten Opern von Giuseppe Verdi ist „Aida" – eine Festoper zur Eröffnung des Suezkanals. Die Uraufführung fand am 24. Dezember 1871 in Kairo statt.

Aida, Tochter des Äthiopierkönigs, Sklavin des Pharaos und Geliebte des Radamès

ägyptischer Hohepriester Ramfis

Amneris, Tochter des Pharao, die in Radamès verliebt ist

Pharao

ägyptischer Feldherr Radamès

Äthiopierkönig Amonasro, Vater von Aida

ERSTER AKT

Im Palast

Radamès träumt vom Sieg über die Äthiopier und wünscht sich als Dankeschön vom Pharao die Freilassung seiner geliebten Aida.

Bote: „Die Äthiopier haben Ägypten überfallen."

Im Vulkantempel

Ramfis zu Radamès: „Das heilige Schwert soll den Sieg für die Ägypter bringen."

ZWEITER AKT

In Amneris' Gemach

Amneris: „Ich liebe Radamès. Du, Aida, bist nur eine Sklavin."

vor der Stadt nach dem Sieg

Radamès: „Ich wünsche, dass die äthiopischen Gefangenen freigelassen werden."
Ramfis: „Zwei Geiseln müssen wir behalten!"
Pharao: „So sei es. Aida und der Mann neben ihr bleiben Geiseln."

DRITTER AKT

Im Isistempel

Amneris: „Oh mach, dass Radamès mich liebt."

Amonasro zu Aida: „Du bist eine Äthiopierin, hilf deinem Land! "

Radamès: „Ich liebe dich!"
Aida: „Ich dich auch. Aber wie willst du Äthiopien wieder besiegen?"
Radamès: „Ich erzähle es dir im Vertrauen!"

Radamès: „O je, ich bin ein Verräter."

VIERTER AKT

Amneris: „Ich liebe dich. Heirate mich."
Radamès: „Ich kann nicht!"

Rat der Weisen

Ramfis: „Radamès hat sein Land verraten und wird im Tempel des Vulkan lebendig begraben!"

Grabkammer

Aida lässt sich aus Liebe zu Radamès mit ihm zusammen in die Grabkammer einmauern.

Mini-Lexikon

Carusos
kleine Knotenkunde

Doppelter Palstek

Konservatorium	*Ausbildungsstätte für Musiker*
Messdiener	*übernimmt während der katholischen Messe Aufgaben und ist dem Priester behilflich*
Organist	*jemand, der die Orgel spielt*
Osteria	*einfache Gaststätte in Italien*

PRIVATISSIMO

Der kleine Verdi soll ein ernstes Kind gewesen sein und nur wenig gespielt haben. Seine ganze Freude galt der Musik. Eines Tages lauschte er versunken dem Spiel des Organisten in der Kirche. Darüber vergaß er seine Arbeit als Messdiener. Voller Zorn rügte ihn der Priester und trat ihn so heftig, dass der Kleine stürzte. Verdi erzählte später, dass er den Priester verflucht habe und dass dieser tatsächlich nach einigen Jahren von einem Blitz erschlagen worden sei.

Verdi pflanzte auf seinem Landgut Sant' Agata Bäume. Er tat dies in Erinnerung an bestimmte Opern. So setzte er eine Platane für „Rigoletto" ein, eine Eiche für den „Troubadour" und eine Trauerweide für „La Traviata".

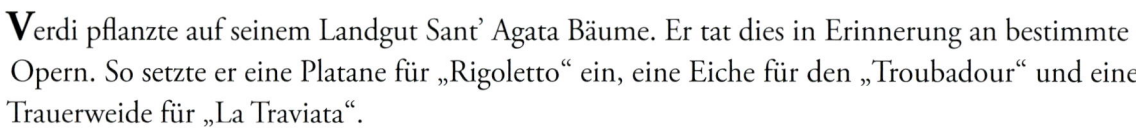

Die Troubadour-Eiche   Die Rigoletto-Platane   Die La-Traviata-Trauerweide

Viva Verdi!

Der Ruf der Italiener „Viva Verdi!" meinte zum einen den großartigen Komponisten. Zum anderen sah man in Verdi einen Freiheitskämpfer. In seiner Oper „Nabucco" (1842) tritt der berühmte Gefangenenchor auf mit den Worten „Flieg Gedanke, auf goldenen Schwingen" und symbolisierte so die Befreiungsbewegung in Italien gegen die Besetzung der Österreicher.

Deswegen steht „Viva Verdi" auch für „Viva **V**ittorio **E**manuele **R**e d`**I**talia" –
„Es lebe Viktor Emanuel, der König Italiens".

Wer findet die passenden Jahreszahlen zu den anderen Opern des freiheitsliebenden Opernkomponisten?

Charlotte klappte das Logbuch zu.

Sie sträubte sich immer noch, in die Kombüse zu gehen, wo ein kommandierender Smutje hin und her rannte und Befehle erteilte. Lieber wollte sie sich einen Bart wachsen lassen wie Verdi. Vor lauter Grollen bemerkte Charlotte nicht, dass Smutje plötzlich vor ihr stand.

„Du", druckste er, „ich möchte mich entschuldigen, dass ich vorhin nicht nett zu dir war. Ich werde mich bessern."

Charlotte legte den Kopf schief und sagte: „Gut, ich nehme deine Entschuldigung an. Aber wenn du wieder so einen Befehlston anschlägst, dann fliege ich weg, pflanze Magnolienbäume und lass es mir gut gehen."

Kapitel 10

Die Sonne kitzelte Charlotte in der Nase. Mit einem lauten Niesen fuhr sie aus ihrer Hängematte empor. „Guten Morgen", rief sie lachend und war allerbester Laune. „Guten Morgen", erwiderte Smutje aus der Kombüse, „heute ist Sonnenscheintag. Da wird Jacques Offenbach ein gelungenes ‚Anlanden' in Paris haben." Charlotte trat pfeifend an den Herd. „Ein Mädchen, das pfeift, kriegt einen Mann, der säuft", sagte Smutje. Charlotte kicherte. – „Kann ich Herrn Offenbach etwas vorbeibringen?" – „Gerne, er hat sich noch ein Croissant gewünscht." Charlotte legte das Hörnchen auf einen Teller und verließ, den Ohrwurm pfeifend, die Kombüse. Vor einer Tür mit einem kleinen runden Fenster machte sie Halt und klopfte.

„Herein", rief es von innen. Charlotte öffnete die Tür. Ein Mann mit Eulenkneifer und langen, dunklen Koteletten saß am Tisch.

„Was pfeifen Sie da Schönes?", fragte Offenbach. „Ich weiß es nicht. Diese Melodie geht mir seit gestern nicht aus dem Kopf", antwortete Charlotte.

„Passen Sie nur auf, dass es Ihnen nicht so ergeht wie mir, der ich fast mein ganzes Leben nach einer Melodie suchte und sie lange Zeit nicht fand."

„Was war das für eine Melodie?", wollte Charlotte wissen.

„Ein Walzer, mit dem mich meine Frau Mama – Gott hab sie selig – immer in den Schlaf wiegte. Ich verbinde mit dieser Melodie die wärmsten Erinnerungen. Leider fielen mir später nur noch die ersten acht Takte ein. Und ich wollte den Walzer so gerne in Gänze hören."

„Haben Sie sich denn auf die Suche nach den Noten gemacht?", fragte Charlotte.

„Aber natürlich", antwortete Offenbach, „mein Vater wusste noch, dass dieser Walzer von einem begabten jungen Komponisten namens Zimmer stammte, der eines Tages spurlos verschwand." – „Das ist ja fast so spannend wie ein Kriminalroman", rief Charlotte. „Es kommt noch besser", sagte Offenbach. „Als ich Wien besuchte, wurde mir eines Abends der Weg von einem Menschenauflauf versperrt. Was war geschehen? Auf dem Boden lag ein dem Hungertod naher alter Mann. Es stellte sich heraus,

dass er Rudolf Zimmer hieß und früher Musiklehrer war. ‚Mein‘ Zimmer! Unverzüglich nahm ich mich des Alten an und sorgte für Arzt und Pflege. Einige Tage später erschien er leicht gekräftigt und dankte mir. Als ich ihm die acht Takte seines Walzers vorspielte, war er zu Tränen gerührt. ‚Dass Sie mich kennen‘, stammelte er. Als ich ihn nun bat, den Walzer zu vollenden, setzte er sich ans Klavier, spielte die eben gehörten Takte und – stockte. Er hatte den Walzer vergessen.“

„Aber das ist nicht das Ende dieser Geschichte? Das darf nicht sein.“ Charlotte hatte feuchte Augen bekommen. „Ich musste dann kurzfristig verreisen“, fuhr Offenbach fort, „und als ich nach einem Monat nach Wien zurückkehrte, weilte Zimmer nicht mehr unter den Lebenden. Aber er hatte mir ein Paket vermacht. Darin waren ein Abschiedsbrief und die Noten des Walzers. Den Walzer habe ich sofort drucken lassen.“

Charlotte war stumm und nachdenklich.

„Ach“, rief Offenbach plötzlich, „ich höre schon meinen berühmten ‚Cancan‘ von der Schiffshupe.“ Ich muss aussteigen. Leben Sie wohl. Hier ist noch mein Logbuch.“ Offenbach nahm seinen Koffer und ging. Charlotte schwebte langsam in die Kombüse zurück. Ihre Gedanken waren bei dem Walzer. Dann schlug sie das Logbuch auf.

MITTELALTER
CA. 600–1400

RENAISSANCE
CA. 1400–1600

NEUE MUSIK
20./21. JH.

IMPRESSIONISMUS
UM 1900

BAROCK
CA. 1600–1750

KLASSIK
CA. 1750–1820

ROMANTIK
CA. 1820–1900

WICHTIGE
WERKE

Operetten:
Orpheus in der Unterwelt
Die schöne Helena
Pariser Leben
Blaubart

Hoffmanns Erzählungen
(phantastische Oper)

AUS DEM LEBEN VON
JACQUES OFFENBACH (1819–1880)

Vor der Tür des Standesamtes in Köln stand ein Mann in den besten Jahren. In seinen Armen hielt er ein kleines Bündel. Der Beamte erinnerte sich: „Isaac Offenbach zeigte mir ein Kind männlichen Geschlechtes vor und erklärte mir, dass dieß Kind den zwanzigsten des Monats Juni des Jahres tausendachthundertneunzehn morgens um drei geboren sei." Dieses Kind war Jakob Offenbach, der spätere Operettenkomponist.

Der Vater, selbst Musiker, erkannte sehr früh die enorme Musikalität seines Sohnes und unterrichtete ihn bereits mit sechs Jahren im Violinspiel. Bald entdeckte Jakob aber seine Liebe zum Cello. Und da er nach kurzer Zeit gut Cello spielen konnte, stellte der Vater aus seinen Kindern eine kleine Wirtshauskapelle zusammen, die erfolgreich von einer Kneipe zur nächsten tingelte. Gleichwohl träumte Isaac Offenbach von der Musikstadt Paris, und zuweilen dürfen Träume wahr werden: Ende 1833 stieg er mit seinen Söhnen Jakob und Julius in eine Postkutsche Richtung Westen.

Sicherlich musste man sich zunächst an diese große Stadt mit damals fast einer Million

Einwohnern gewöhnen! Nach drei Monaten fuhr der Vater wieder heim, aber seinen beiden Söhnen gelang es, in Paris Fuß zu fassen. Aus Jakob wurde so der französische Jacques. Kurze Zeit studierte Jacques am Pariser Konservatorium, um sich dann seinen Lebensunterhalt als Orchestermusiker zu verdienen. In dieser Zeit begann er zu komponieren, trat in Pariser Salons auf und verstand es, sein Publikum mit musikalischen Witzeleien zu unterhalten. Aber erst 1855, als Offenbach Direktor des kleinen Theaters „Bouffes-Parisiens" wurde, stellte sich der lang ersehnte Erfolg ein. Mit seinem Werk „Orpheus in der Unterwelt" schuf Offenbach die „Mutter aller Operetten". Unter seinen insgesamt 102 Bühnenwerken ragen unter anderem „Blaubart" und „Pariser Leben" heraus. Für zwei Jahre übernahm Offenbach noch einmal ein Theater (das Théâtre de la Gaîté), scheiterte aber und stand schließlich – statt vor einer Ruhmeshalle – vor einem hohen Schulden-berg. Erst seine Konzertreise in die USA befreite ihn von der finanziellen Misere. Über seinem letzten Werk, der phantastischen Oper „Hoffmanns Erzählungen", starb Jacques Offenbach am 7. Oktober 1880. Er hinterließ seine innig geliebte Hermine samt einigen Kindern. Glaubt man Zeitzeu-gen, soll der Trauerzug hinter seinem Sarg endlos gewesen sein – so endlos, dass der Verkehr in Paris stockte.

DIE OPERETTE

Die Bezeichnung Operette rührt von dem italienischen Wort „operetta" her, dem „Werkchen". Die Operette ist ein Bühnen-stück mit überwiegend fröhlichem Charakter. Der Handlung liegt ein Libretto zugrunde. Es gibt Gesänge und gesprochene Dialoge, und gerne wird in der Operette auch getanzt. Aufgeführt wurden modische Tänze der da-maligen Zeit, wie Cancan, Walzer oder Polka. Offenbachs Operetten, die damals „Opéras bouffes" hießen, spiegeln sehr gekonnt ihre Zeit und auch deren Probleme wieder: die Jahre des zweiten Kaiserreichs, der Diktatur Napoleon III. Sie sind ein Spiegelbild der Gesellschaft und eng mit der politischen Wirklichkeit verknüpft. Salopp gesagt: Der Operette war es vorbehalten, sich lustig zu machen – über ihre Zeit und deren Genossen. Deshalb wird Jacques Offenbach noch heute liebevoll „Spottvogel" genannt.

Cancan-Tänzerinnen

Auch heute noch erfreuen sich seine Werke größter Aktualität. Der Grund? Nach wie vor gibt es in der Politik und Gesellschaft vieles, worüber man sich lustig machen muss – einfach deswegen, weil man sonst vielleicht weinen müsste.
Berühmte Operettenkomponisten nach Offenbach waren zum Beispiel Johann Strauß („Die Fledermaus"), Karl Millöcker, Paul Lincke und Franz Lehár.

Spottvogel

Mini-Lexikon

Cello	*Abkürzung für Violoncello – ein Streichinstrument*
Libretto	*Textbuch*
Mirliton	*ein Instrument, das einen Klang erzeugt ähnlich wie beim Kammblasen*

PRIVATISSIMO

Ein Blick in die Operetten-Urwelt, die Offenbach zu seinen Werken anregte:
Als Offenbach in Paris ankam, liebte er es, sich durch die Stadt treiben zu lassen. Magisch angezogen wurde er von den Jahrmarktstimmen auf dem „Boulevard du Temple", von den Messerschluckern, Skelettmännern, Zwergen und Riesenweibern. Besonders faszinierten ihn die dressierten Flöhe, die vor eine Miniaturkutsche gespannt waren ...

Offenbach über sich selbst:
„Von meinen zahlreichen Erfolgen sowie den paar Niederlagen, die ich erlitten habe, schweige ich. Erfolg hat mich nicht eitel gemacht und eine Niederlage nie entmutigt. Ich werde keinen meiner Vorzüge erwähnen, noch über meine Mängel sprechen. Ein schreckliches und unbesiegbares Laster besitze ich allerdings, nämlich das Laster, ohne Unterlass zu arbeiten. Ich bedaure es im Hinblick auf jene, die meine Musik nicht lieben, denn selbst im Sterben werde ich noch eine Melodie unter meiner Feder haben."

Operetten-Buchstabensalat

1.

O	A	E	I	D	G	N	H
T	R	A	B	U	A	L	B
N	E	L	E	H	X	H	P
R	T	F	G	M	C	W	M
H	E	S	S	O	H	J	G

3.

A	O	A	E	I	D	G
E	N	Ö	H	C	S	C
A	N	E	L	E	H	X
B	R	T	F	G	M	A
P	H	E	U	S	U	H

2.

B	R	T	F	G
R	G	B	T	I
E	G	R	G	H
S	N	R	Y	O
I	E	C	Y	I
R	B	S	J	D
A	E	S	B	U
P	L	M	O	I

4.

H	Z	B	R	T	F	G	M	A
O	R	P	H	E	U	S	U	H
I	N	D	F	R	M	B	L	F
D	E	R	S	A	A	B	N
U	N	T	E	R	W	E	L	T
I	Y	P	T	H	M	L	U	C

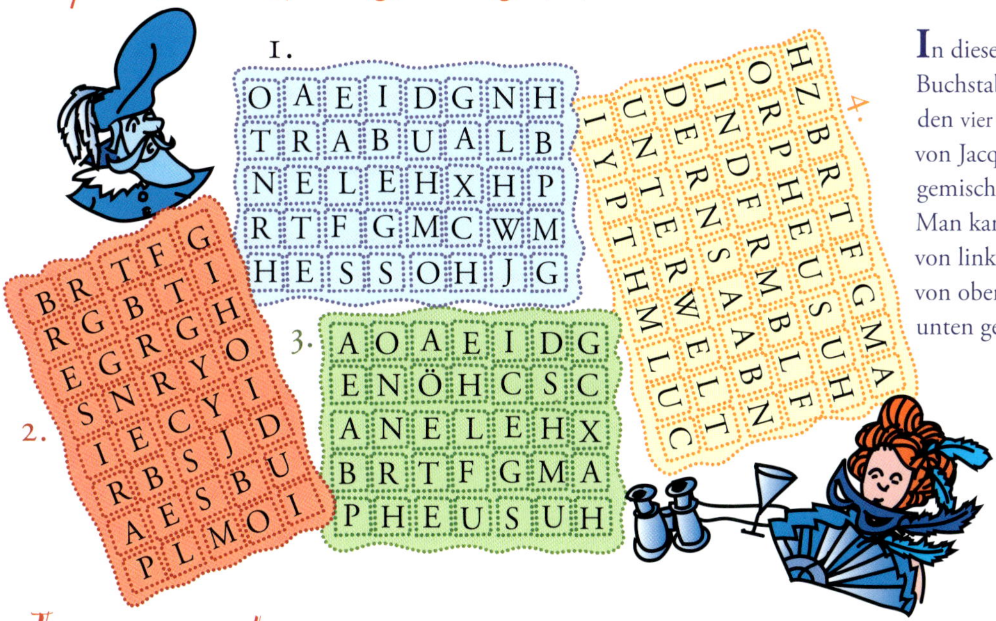

In diesen Operetten-Buchstabensalat wurden vier Operettentitel von Jacques Offenbach gemischt.
Man kann die „Zutaten" von links, von rechts, von oben und von unten gelesen finden.

Lösungsworte:

1. ....

2. ....

3. ....

4. ....

....

Charlotte klappte das Logbuch zu.
„Smutje, Smutje, Smutje, diese Begegnungen mit den Komponisten nehmen mich manchmal ganz schön mit. Und besonders die Geschichte, die Offenbach mir noch persönlich erzählte, war doch sehr traurig." Charlotte ließ sich auf den Küchenschemel plumpsen. „Ach Lottililottila, gräme dich nicht. Offenbach ist ein ganz fideler Mensch. Zum Beispiel erzählte er mir von seiner Silberhochzeit mit seiner geliebten Hermine. Das muss ein rauschender Maskenball gewesen sein. Mit einem selbst komponierten Marsch für 40 Mirlitons. Und er und seine Gattin erschienen im Kostüm eines dörflichen Hochzeitspaares." – „Das klingt gut – nach Happy End. Ich mag doch Happy Ends so gerne." Charlotte legte den Kopf schief und lächelte Smutje an.

Kapitel 11

„Riechst du das nicht?" – Smutje kam in die Kombüse gerannt, stellte die Gasflamme aus, nahm den Milchtopf mit einem Handtuch vom Herd und stellte ihn in das Spülbecken.

„Verbrannte Milch!" Dieser muffelige Geruch wird durchs ganze Schiff ziehen! Hast du keine Nase, Charlotte?"

Charlotte senkte beschämt den Kopf. „Ich war so vertieft in das Logbuch von Jacques Offenbach. Ich habe noch etwas nachgelesen und darüber vergessen, dass ich die Milch aufgesetzt hatte. Ich wollte Vanillesoße kochen für die Marillenknödel, die sich Anton Bruckner zum Abschied gewünscht hat. Entschuldigung."

„Schon gut. Aber wenn jemand fragt, was passiert ist, dann musst du das auf deine Hörner nehmen", sagte Smutje leicht mürrisch.

Charlotte nickte kleinlaut. „Dann bring ich jetzt Herrn Bruckner die Marillenknödel – ohne Soße." Smutje schaute noch immer streng. „Tu das."

Charlotte war schon fast aus der Küchentür, als sie sich doch noch einmal umwandte: „Es war einmal ein Mann, der hatte eine Frau, die immer den Vanillepudding anbrennen ließ. Der Mann schimpfte jedes Mal. Es kam die Zeit, da starb seine Frau. Er fand dann eine neue Frau, die ihm auch Vanillepudding kochte. Der war nicht angebrannt. Aber dieser Pudding schmeckte dem Mann nicht halb so gut!"

Dann verschwand Charlotte und flog den Gang entlang. Bei der Tür mit der Nummer 1824 hielt sie und klopfte an. Ein kräftiger, wohlgenährter Mann mit roten Wangen und kurz geschnittenen braunen Haaren in einem weiten faltigen schwarzen Anzug öffnete.

„Guten Morgen", donnerte Bruckner freundlich. Dann hielt er inne: „Nach was riecht es denn hier? Nach verbrannter Milch?"

Charlotte beeilte sich zu sagen: „Das ist mein Versehen, ich habe beim Lesen die Milch auf dem Herd vergessen."

Bruckner lachte: „Na, lieber lesen und Milch anbrennen lassen, als nicht lesen … Und wissen Sie was? Über meine Musik hat man gesagt, dass sie nach höllischem

Schwefel stinken würde. Früher hat mich das wütend gemacht, aber inzwischen bin ich altersmilde geworden. Damals war ich auch gegenüber meinen Schülern aufbrausend. Wehe, wenn sie nicht parierten", sagte Bruckner.

„Was meinen Sie damit?", fragte Charlotte.

„Ich habe von meinen Schülern im Kompositionsunterricht immer Exaktheit verlangt, keine Phantasie. Einmal kam mir einer mit einer freien Arbeit daher, die nicht den Kompositionsregeln entsprach. Ich zog ihn am Ohr: ‚Hier bist du in der Schul, da derfst mir nöt oan verbotene Notn schreiben. Nachher, wannst draußen bist und zoagst mir a regelrechte Arbeit, woast, was i tu? I schmeiß di außi.'" Bruckner lachte: „Ich lach heute über mich selbst, über mein strenges Regiment damals. Aber den Schülern war wahrscheinlich nicht immer zum Lachen zumute …"

„Kann ich noch mehr solcher Geschichten in Ihrer lustigen Sprache hören?", bat Charlotte.

„Leider nein, ich werde gleich ankommen und höre schon, dass die Schiffshupe das Finale meiner achten Sinfonie tutet. Hier ist mein Logbuch. Ich wünsche ‚Frohes Lesen' – aber lassen Sie nicht wieder die Milch überkochen!"

Charlotte schmunzelte, ging zurück zu ihrem Fass und schlug das Logbuch auf.

MITTELALTER
CA. 600–1400

NEUE MUSIK
20./21. JH.

RENAISSANCE
CA. 1400–1600

IMPRESSIONISMUS
UM 1900

BAROCK
CA. 1600–1750

ROMANTIK
CA. 1820–1900

KLASSIK
CA. 1750–1820

WICHTIGE
WERKE

9 Sinfonien

(9. Sinfonie
unvollendet)

Messen

Requiem

Orgelmusik

AUS DEM LEBEN VON ANTON BRUCKNER (1824–1896)

Anton Bruckner kam am 4. September 1824 morgens um 4.30 Uhr als Sohn des Dorflehrers Anton und seiner Frau Theresia im Ansfeldener Schulhaus in Österreich zur Welt. Das Geburtshaus lag hinter der Kirche der damals 400 Seelen zählenden Gemeinde, und das frisch geborene Baby wurde liebevoll „Tonerl" genannt. Dieser Kosename kam sicherlich von „Anton" und weniger von „Tonne", denn im Überfluss lebte die Dorfschullehrerfamilie nicht. Der Knabe Tonerl soll schon früh zu Hause auf einer roten Geige und auf Vaters Spinett musiziert haben. Ansonsten ist über seine Kindheit wenig bekannt, nur sein jüngerer Bruder Ignaz berichtete:

„Von meinem Bruder weis ich gar nichts – er hat sich mit mir nicht gespilt, er hatte größerer Buben als mich. Wie er öfters erzählt habe, ist er mit die Buben Räuberspielen in die Auen gegangen. Der Vater hat gerast, wenn er zu lange nicht gekommen ist, wegen der Singstunde."

1835 wurde Anton in das benachbarte Dorf zu seinem Vetter und Firmpaten Johann Weiß geschickt, der dort Schulmeister war. Vielleicht versprachen sich Tonerls Eltern für ihren Sohn dort eine bessere Ausbildung, denn der Vater war viel unterwegs und hatte neben seinem Schuldienst auch Feldarbeit zu verrichten. Und damit nicht genug: Bis tief in die Nacht spielte er im Wirtshaus die Tanzgeige, um sein klägliches Gehalt aufzubessern.

Nach anderthalb Jahren kam Anton aber in sein Elternhaus zurück, um dem kranken Vater im Schul- und Kirchendienst behilflich zu sein. Ein halbes Jahr später starb der Vater mit nur 46 Jahren. Nun war Tonerls Mutter mit ihren Kindern allein. Sie zog mit Tonerl und den vier jüngeren Geschwistern nach Ebelsberg und arbeitete dort als Wäscherin. Der dreizehnjährige Anton kam als Sängerknabe in das Augustiner Chorherrenstift Sankt Florian. Vielleicht war damit die wichtigste Entscheidung im Leben Anton Bruckners gefallen. Im Stift bekam er nicht nur guten Volksschulunterricht, sondern auch eine umfassende musikalische Ausbildung in Gesang, Violine, Klavier und Orgel. Bruckners Begabung und sein Eifer zeigten sich vor allem auf der Orgel. Sein Geigenlehrer Gruber sagte über ihn: „Jetzt geb i dem Sakra allweil auf der Violin Unterricht und auf amol is a Organist daraus wordn."

Anton „präpariert" seine Hose gegen die Wut seines Vaters.

Anton Bruckner wurde nicht nur ein ausgezeichneter Organist, sondern auch ein berühmter Komponist. Er schuf neun Sinfonien, mehrere Messen und das Requiem in d-Moll sowie Kantaten, kleinere Kirchenmusik und Kammermusik. Er war ein zutiefst gläubiger Mensch, der sich am liebsten in Kirchen und Klöstern aufhielt, um den weltlichen Enttäuschungen und Anfeindungen zu entkommen. Er starb am 11. Oktober 1896 und wurde in der Stiftskirche St. Florian beigesetzt.

Die Orgel

Die Orgel wird die „Königin der Instrumente" genannt.

Das Wort „Orgel" kommt von dem griechischen Wort „órganon" und bedeutet Werkzeug. Obwohl eine Orgel Tasten hat, zählt sie nicht zu den Tasteninstrumenten, sondern zu den Blasinstrumenten. Ihre Töne werden in den Orgelpfeifen durch den Spielwind erzeugt. Der Spielwind entsteht mit Hilfe von Blasebälgen oder durch ein elektrisches Gebläse.

Eine Orgel kann mehrere tausend Pfeifen haben, die nach Registern in verschiedenen „Stockwerken" geordnet sind. Die Register wiederum sind Pfeifen mit gleichartigen Klangfarben.

Die Orgelregister haben teilweise lustige Namen, so etwa: Glöckleinton, Bärpfeife oder Gedacktbass. Sie sind aber auch nach anderen Instrumenten benannt, zum Beispiel Cello, Posaune und Klarinette, denn sie ahmen deren Klang nach. Je größer eine Pfeife ist, desto tiefer ist ihr Ton. Die Prospektpfeifen – das sind die Pfeifen, die man sieht, wenn man zur Orgelempore hinaufschaut – sind meistens aus Zinn. Aber es gibt auch Pfeifen aus Kupfer, Blei und aus verschiedenen Hölzern. Jedes Material hat seine besondere Klangfarbe.

Der Organist spielt auf zwei bis vier übereinander angeordneten Tastaturen, so genannten Manualen. Seitlich oder über den Manualen befinden sich die Registerzüge. Das sind große Knöpfe, die ein Stückchen herausgezogen werden können, um die verschiedenen Klangfarben zu erzeugen. Mit den Füßen spielt der Organist auf den Pedaltasten, die die ganz tiefen Töne zum Klingen bringen. Die Stiftsorgel von St. Florian gilt mit ihren 5230 Pfeifen neben der Orgel aus dem Wiener Stephansdom als größte in Österreich.

Die Stiftskirche St. Florian

Brucknerorgel

Bruckners Grabstätte

Krummhorn
Glöckleinton
Bärpfeife
Cello
Gedacktbass
Posaune
Klarinette
Pfeifen
Registerzüge
Manual
Windzufuhr
Pedal

Mini-Lexikon

Augustiner Chorherrenstift Sankt Florian	*berühmtes Kloster in Österreich*
Jänner	*österreichisch: Januar*
Spinett	*kleines Tasteninstrument*

PRIVATISSIMO

Diesen Brief hat der einsame und kranke dreizehnjährige Tonerl nie abgeschickt, sondern in sein Schulheft geschrieben.

„Liebe Ältern!

Mit betrübtem Herzen muss ich Ihnen melden, dass ich schon seit etlichen Tagen krank bin. Es herrscht in unserer Gegend das Nervenfieber, welches auch mich überfiel. Ich kann Ihnen den Schmerz, den ich empfinde, nicht schüldern. Nur der Gedanke, was Gott thut, ist alles gut, hält mich aufrecht, und er wird den Schmerz wieder von mir nehmen. Viel würden Sie, liebe Ältern, zu meiner Genesung beytragen, wenn Sie mich auf 2 oder 3 Tage besuchen würden,

Ihren kranken Sohn

Anton Bruckner   St. Florian am 15. Jänner 1838

Als der Knabe Anton dem Pfarrer einmal die Schuhe ausziehen sollte, fragte ihn dieser: „Na, Tonerl, sag, was willst denn eigentlich werd'n? A geistlicher Herr oder a Schulmoaster, wie der Vater? Oder möch'st am End gar studier'n?" Antons Wunsch, Kapellmeister zu werden, hatte die Mutter als „hochfahrend" abgelehnt. Bruckner berichtet im Alter: „Aus kindlicher Anhänglichkeit hab i glei g'sagt: wie da Vater!"

Ein Widmungsrätsel

Die 3. Sinfonie in d-Moll von Anton Bruckner zählt zu seinen gewaltigsten und umfangreichsten Sinfonien. In ihrer ersten Fassung umfasst sie 2056 Takte. Bruckner hat sie einem bekannten Komponisten gewidmet, den er sehr schätzte.
Die Widmung lautet:
„Sr. Hochwohlgeboren Herrn ………..., dem unerreichbaren, weltberühmten und erhabenen Meister der Dicht- und Ton-kunst, in tiefster
Ehrfurcht
gewidmet von
Anton Bruckner."

Wie lautet
der Name
des verehrten
Komponisten?

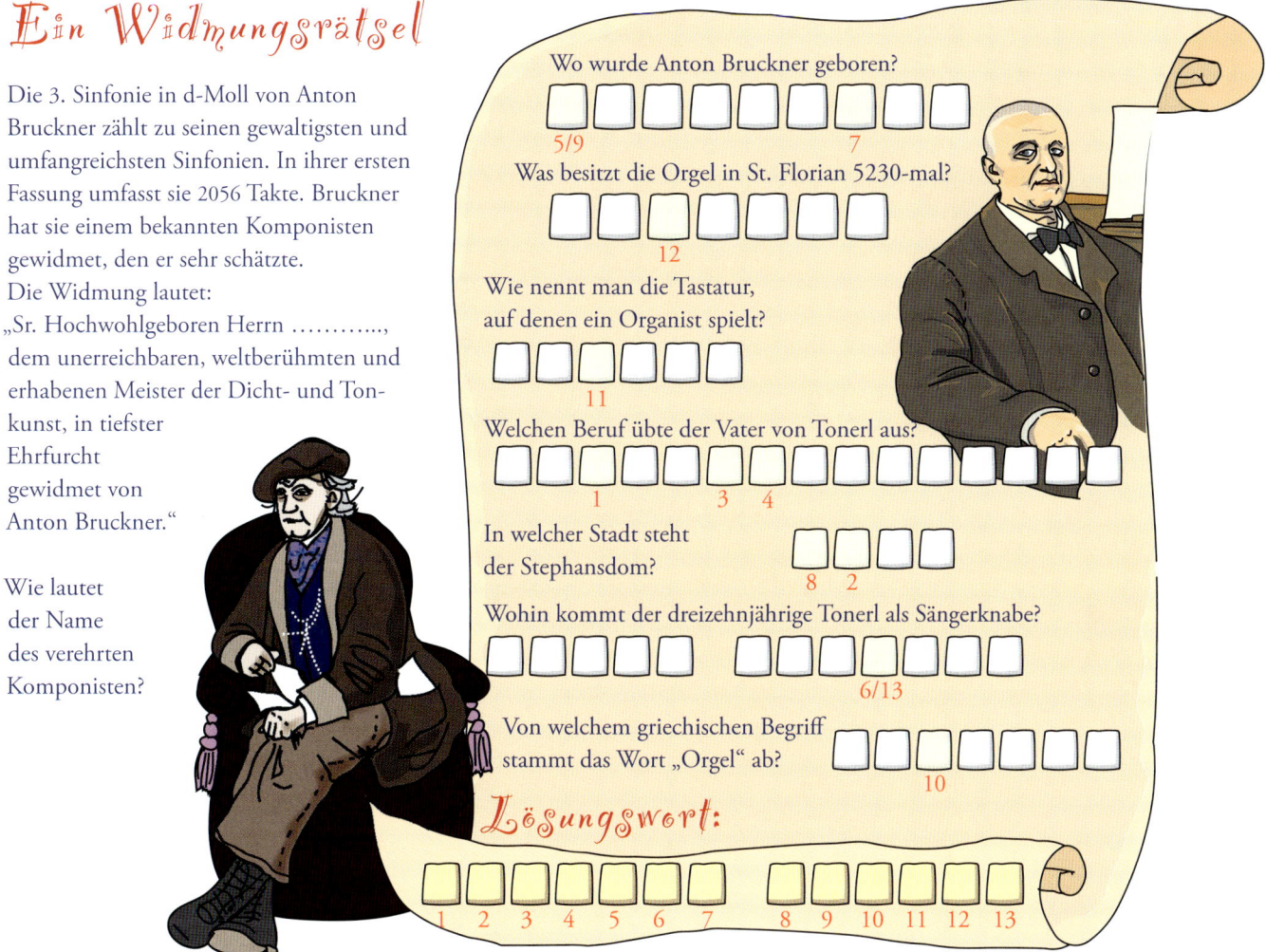

Wo wurde Anton Bruckner geboren?

▢▢▢▢▢▢▢▢
5/9   7

Was besitzt die Orgel in St. Florian 5230-mal?

▢▢▢▢▢▢
12

Wie nennt man die Tastatur, auf denen ein Organist spielt?

▢▢▢▢▢▢
11

Welchen Beruf übte der Vater von Tonerl aus?

▢▢▢▢▢▢▢▢▢▢▢▢▢▢
1   3 4

In welcher Stadt steht der Stephansdom?

▢▢▢▢
8 2

Wohin kommt der dreizehnjährige Tonerl als Sängerknabe?

▢▢▢▢ ▢▢▢▢▢
6/13

Von welchem griechischen Begriff stammt das Wort „Orgel" ab?

▢▢▢▢▢
10

Lösungswort:

▢▢▢▢▢▢▢ ▢▢▢▢▢▢
1 2 3 4 5 6 7   8 9 10 11 12 13

Charlotte klappte das Logbuch zu.
Smutje stand vor ihr: „Lieber jeden Tag verbrannte Milch als keine Charlotte." Charlotte jauchzte: „Das war ja fast eine Liebeserklärung."
„Ne, ne", beeilte sich Smutje zu sagen. „Und das Milchkochen kannst du ja in fortgeschrittenem Alter noch erlernen … " – „So, so", sagte Charlotte.
„Ja, ja", sagte Smutje, „selbst Anton Bruckner fand, dass er erst mit 39 Jahren reif fürs Komponieren war." – „Du meinst, Kochen und Komponieren kann man miteinander vergleichen?" Charlotte grinste. „Nein, so hab ich das nicht gemeint, ich … " Smutje stockte. „Also doch eine Liebeserklärung", rief Charlotte, küsste Smutje auf die Nase und flatterte schnell aus der Kombüse.

Kapitel 12

„Gibt es hier irgendwo einen kleinen Karton?", fragte Charlotte.

„Einen Karton? Wozu brauchst du denn einen Karton?", wollte Smutje wissen.

„Nicht für mich", antwortete Charlotte, „Herr Ravel sucht händeringend nach Behältnissen, um seine Kuriositäten gut verpackt nach Hause tragen zu können."

„Ich wusste, dass seine Ankunft problematisch werden würde. Bei all dem Krimskrams, den er angesammelt hat", meckerte Smutje.

„Sprich bitte ein bisschen respektvoller über Maurice Ravel", ermahnte ihn Charlotte. „Sammeln ist eben seine Leidenschaft."

„Im oberen Regalfach in der Speisekammer müssten noch ein paar leere Pappschachteln sein", sagte Smutje mürrisch.

„Danke", rief Charlotte und stand schon auf der Leiter, um die bunten Schachteln herunterzuholen. Dann lief sie schnell zur Tür und verschwand.

„Was bringen Sie mir denn da Praktisches?", begrüßte Ravel sie höflich und nahm Charlotte die Last ab. Charlotte stand einem recht kleinen Mann mit lebhaftem Blick und üppigen Augenbrauen gegenüber, der auf das Eleganteste gekleidet war. Ravel hielt Charlotte eine dunkle, kristallähnliche Kugel hin. „Wollen Sie sich meine ‚Sammlung' ansehen?"

„Ja, gerne", erwiderte Charlotte fasziniert.

„Das hier zum Beispiel ist mein ganzer Stolz. Auch wenn es nur eine verbrannte Birne ist", lächelte Ravel. „Aber sehen Sie auch hier, die kleinen entzückenden Buddhas! Dieses grundzufriedene Lächeln auf ihren Gesichtern!" Ravel begann, die kleinen Figuren in Zeitungspapier einzuschlagen.

„Kann ich Ihnen behilflich sein?", fragte Charlotte.

„Aber gerne", antwortete Ravel, „nur schön vorsichtig, damit sie alle heil bei mir zu Hause ankommen. Wissen Sie, mein bescheidenes Heim ist eigentlich eine Art Spielzeugschachtel. Dort gebe ich mich meiner Sammelleidenschaft hin. Das Haus – es trägt den königlichen Namen ‚Le Belvédère' – ist so langgezogen wie überfüllt. Darin finden Sie ein unechtes Bild von Renoir, chinesische Vasen aus einer eng-

lischen Fabrik oder selbst bemalte Tapeten. Und dann
gibt es noch meinen Feengarten, den ich selbst mit
Bonsaibäumen und anderen Zwerggewächsen angelegt
habe. Ich bin ja nicht gerade groß und wollte mich so
gerne einmal als Gulliver fühlen. Und wenn man sich
in meinem Garten ganz still verhält, dann sieht man
manchmal sogar die Feen hindurchhuschen." Ravel
lachte und Charlotte schüttelte ungläubig den Kopf.
„Doch, doch, so ist es", bestätigte der Komponist und
dann flüsterte er weiter: „Und über meinem ganzen
Reich thront über dem Kamin das Bild meiner über
alles geliebten Mutter. Sie wacht über meine Phantasien
– und über mich."

In diesem Moment begann die Schiffshupe Ravels
„Bolero" zum Besten zu geben. „Nur gut, dass Sie mir
beim Einpacken behilflich waren. Denn jetzt heißt es
aussteigen", rief Ravel fröhlich und reichte Charlotte
noch sein Logbuch: „Zum Zeitvertreib. Leben Sie wohl!"
Ravel nahm seinen riesengroßen Koffer und seine Pakete,
hing sich seine Taschen um, warf zuletzt noch den
Mantel über die Schulter und verließ schwer bepackt
die Kabine.

Charlotte kehrte in die Kombüse zurück und schlug
das Logbuch auf.

MITTELALTER
CA. 600–1400

RENAISSANCE
CA. 1400–1600

NEUE MUSIK
20./21. JH.

IMPRESSIONISMUS
UM 1900

BAROCK
CA. 1600–1750

KLASSIK
CA. 1750–1820

ROMANTIK
CA. 1820–1900

WICHTIGE
WERKE

Daphnis und Chloé (Ballett)

Orchesterwerke:
Boléro
La Valse
L'enfant et les sortilèges
(Das Kind und der Zauberspuk,
Lyrische Phantasie)

Klavierstücke:
Jeux d'eau
(Wasserspiele)
Gaspard de la nuit
(Nachtgespenst)

Maurice Ravel

Maurice als kleiner Junge

AUS DEM LEBEN VON MAURICE RAVEL (1875–1937)

Der Vater Maurice Ravels war Ingenieur, seine Mutter stammte aus einer Seefahrer- und Fischerfamilie. Drei Monate nach der Geburt von Maurice siedelten die Eltern von Ciboure nach Paris über. Maurice und sein drei Jahre jüngerer Bruder Édouard hatten eine glückliche Kindheit, da ihre Mutter – so schreibt Maurice in einem Brief – ganz für ihre Familie da war: „Ihr einziges Ideal war immer nur die Liebe zu ihrem Mann und zu ihren Kindern."

Sein Bruder wird später den gleichen Beruf wie der Vater ergreifen. Maurice hingegen, der von seiner singenden Mutter die baskischen und spanischen Lieder geradezu „mit der Muttermilch aufgesogen" hatte, wird Komponist.

Die Zeit um die Jahrhundertwende in Paris, die Maurice Ravel durchlebte, nennt man „Belle Époque". Es war eine sehr aufregende Zeit. Viele Künstler, die etwas auf sich hielten, lebten in dieser Stadt und seinem berühmten Künstlerviertel Montmartre.

Maurice Ravel muss ein sehr exzentrischer Mensch gewesen sein: Auf der einen Seite war er verschlossen und zynisch, auf der anderen Seite sehr empfindsam, und so kullerten ihm schon in der Ouvertüre, also zu Beginn von Richard Wagners Liebesoper „Tristan und Isolde" die Tränen über die Wangen.

Auch war er ein sehr kleiner Mensch, denn er maß nur 1,58 Meter. Ein Freund von ihm erzählte einmal folgende Geschichte über Maurice:

„Er hat Kinder über alles geliebt, vielleicht weil sie noch kleiner waren als er, der doch unter seiner dürftigen Körperlichkeit sehr litt. Es kam vor, dass er bei Einladungen die Gesellschaft der Erwachsenen verließ und schließlich im Kinderzimmer wiedergefunden wurde, vertieft im gemeinsamen Spiel mit den Kleinen."

Maurice Ravel komponierte auch Werke, die der Welt der Kinderträume und Märchen angehörten, so etwa die Oper „L'enfant et les sortilèges" (Das Kind und der Zauberspuk). Viele seiner Kompositionen, vor allem die Klavierwerke, haben zudem etwas sehr kunstvoll Verspieltes, wie zum Beispiel das Stück „Jeux d'eau" (Wasserspiele).

Ravel liebte es, sich zu verkleiden – auch in seinen Werken. Und so findet man orien-

talische, exotische und spanische Einflüsse, zum Beispiel in der „Rhapsodie espagnole" (Spanische Rhapsodie). 1921 kaufte Maurice Ravel in einem kleinen Städtchen, das etwa 50 Kilometer westlich von Paris lag, ein Haus mit dem Namen „Le Belvédère". An diesem Ort konnte er all seine Phantasien verwirklichen. Er entwarf selbst die Tapete, bemalte Stühle und verzierte den Kamin mit wunderlichen Elementen. Diese Villa war bis zum Dachboden angefüllt mit hier und da und dort gesammeltem Krimskrams. Nur das Bild seiner Mutter blickte ernst auf dieses verrückte Reich ihres Sohnes.

DER RHYTHMUS

In Ravels berühmtestem Werk, dem „Boléro", spielt der Rhythmus eine große Rolle. Ein rhythmisches Motiv – von Kleinen Trommeln gespielt – wird während des ganzen Stücks durchgehalten.

Rhythmus ist die Abfolge unterschiedlicher Tondauern. Es gibt verschiedene Noten- und Pausenwerte. Sie können zusammen einen Rhythmus gestalten.

Der Takt fasst gleiche oder auch verschiedene Notenwerte zu einer Einheit zusammen. Taktstriche trennen die Takte voneinander. Es gibt verschiedene Taktarten, zum Beispiel 4/4 oder 3/4 oder 6/8.

Ganze Note	o	=	♩ ♩	
Ganze Pause	▬	=	▬ ▬	
Halbe Note	♩	=	♩	
Halbe Pause	▬	=	𝄽	
Viertelnote	♩	=	♪ ♪	= ♫
Viertelpause	𝄽	=	𝄾 𝄾	
Achtelnote	♪	=	♪ ♪	= ♬
Achtelpause	𝄾	=	𝄾 𝄾	
Sechzehntelnote	♬			
Sechzehntelpause	𝄿			

Um einen Rhythmus zu spielen, sind alle möglichen Dinge nützlich: Vielleicht ein Kochtopf oder ein Glas mit Löffel? Oder beide Hände und Füße? Oder zwei handgroße Steine? Vielleicht ist ja sogar eine Trommel oder Triangel griffbereit?

Mini-Lexikon

Belle Époque	*französisch: schöne Epoche. Zeit in Frankreich etwa von 1890–1914 (Beginn des 1. Weltkrieges)*
Boudoir	*kleines Zimmer*
Gulliver	*Romanfigur, die das Land der Zwerge und das Land der Riesen bereist*
Pierre-Auguste Renoir	*französischer Maler (1841–1919)*

CARUSOS
KLEINE KNOTENKUNDE

KOPFSCHLAG

PRIVATISSIMO

In Ravels Haus in Montfort-l'Amaury gab es viele Kuriositäten und Verrücktheiten zu sehen:

Sein größter Erfolg war die Kugel aus rauchigem Kristall, die wie ein seltener Gegenstand auf einem von ihm bemalten Sockel montiert war. Er drehte ihn bedeutungsvoll in seiner Hand. „Das ist sehr schön", sagte der höfliche Gast in ernstem Ton. Da brach Ravel in geräuschvolles Gelächter aus und sagte: „Das ist eine verbrannte elektrische Birne!"

„Besonderen Spaß bereitete ihm eine Art Boudoir, das sozusagen ‚chinesisch' eingerichtet war. Alles darin war falsch, und es amüsierte ihn riesig, zu wissen, dass all diese angeblich chinesischen Objekte Fälschungen waren. Gerade weil sie falsch waren, hatte er sie gekauft und dort aufgestellt."

Ravels chinesisches Zimmer

80

Sammelleidenschaft

Wer kann etwas Ordnung in Ravels Sammelsurium bringen?
Wer findet zu den Notenlängen die entsprechenden Pausenlängen?
Das Lösungswort ist ein wichtiges „Werkzeug" des Dirigenten.

Lösungswort:

 harlotte klappte das Logbuch zu.
„Haben die Kartons gereicht?", begrüßte Smutje sie.
„Ja", antwortete Charlotte gut gelaunt. „Mir sind Ravels Sammelleidenschaft und seine Phantasie äußerst sympathisch. Ich habe den Eindruck, er kommt direkt aus einem Märchen."
„Du meinst, er ist ein Märchenprinz?" Smutje stutzte.
„Ich dachte, ich sei dein Märchenprinz. Aber gut, ich bin eben doch nur ein kleiner Koch."
Charlotte lächelte: „Smutje, ich wollte dich nicht kränken. Es freut mich nur sehr, wenn Erwachsene noch Sinn für Spinnereien haben …"

Kapitel 13

Charlotte lag in der Hängematte und guckte durch das Bullauge nach draußen. „Träumst du oder zählst du die Wassertropfen am Fenster?"

„Weder noch", antwortete Charlotte, „ich habe mir nur überlegt, wie viele Notenköpfe und Notenhälse ein Komponist in seinem Leben wohl schreiben mag und ob das nicht eine sehr mühsame Arbeit ist."

„Darüber denkst du nach? Erstaunlich! Während ich mir Gedanken mache, was es heute zum Abendessen geben soll ... – Aber Herr Schönberg, der heute unser Schiff verlassen wird, hat sich ähnliche Gedanken gemacht wie du. Denn er erzählte mir einmal, dass er an der Entwicklung einer Notenschreibmaschine arbeiten würde."

„Dann gehe ich ihn mal schnell besuchen, bevor er aussteigt. Vielleicht hat er ja noch anderes erfunden."

Und schnell wie der Wind war Charlotte hinaus aus der Kombüse und flog den Gang entlang bis zu einer blumenumrankten Tür. Sie klopfte an. Ein Herr mit schmalem Gesicht und Halbglatze öffnete: „Nur herein. Was verschafft mir die Ehre", fragte Schönberg freundlich.

„Ich bin so neugierig! Smutje erzählte mir, dass Sie eine Notenschreibmaschine entworfen haben. Darf ich die mal sehen?"

Ein Lächeln huschte über Schönbergs Gesicht: „Die habe ich nicht mit auf die Reise genommen. Und um ehrlich zu sein: Es geht eigentlich schneller, mit der Hand zu schreiben, und unkomplizierter ist es auch. Aber es hat mir Freude gemacht, diese Maschine zu entwickeln."

„Haben Sie noch andere Dinge erfunden?", fragte Charlotte.

Schönberg legte seine hohe Stirn in Falten und überlegte: „Ja, Halterungen für Cremetuben, ein Schachspiel mit besonderen Figuren und eine Kompositionsmethode, die auf einer Reihe von zwölf Tönen aufbaut. – Aber wissen Sie, eigentlich spiele ich am liebsten mit meinen Kindern Tennis."

„Tennis ... ", Charlotte hielt kurz inne, „interessieren Sie sich auch noch für andere Sportarten?"

Geheimnisvoll blinzelte Schönberg: „Ich schwimme gerne gegen den Strom."

Charlotte machte große Augen.

Schönberg lachte: „Ich will damit sagen, dass ich als Komponist Neues machen muss, was bisher noch keiner vor mir getan hat."

„Wieso müssen Sie das?", wollte Charlotte wissen.

„Für mich kommt ‚Kunst' nicht von ‚Können', sondern von ‚Müssen'. Wenn man Kunst macht, dann sollte man das nicht tun, weil man besonders gut malen oder schreiben oder komponieren kann, sondern weil man nicht anders kann. Ich muss komponieren, um zu leben."

Charlotte war sprachlos.

„Verwirre ich Sie?", fragte Schönberg und drückte ihr sein Logbuch in die Hand. „Die Schiffshupe hat schon die ersten Töne meines Streichsextetts ‚Verklärte Nacht' gehaucht. Ich muss los. Aber vielleicht finden Sie ja in meinem Logbuch noch Erklärendes über mich. Leben Sie wohl."

Charlotte stammelte: „Danke und auf Wiedersehen." Dann ging auch sie zurück zu Smutje und schlug nachdenklich das Logbuch auf.

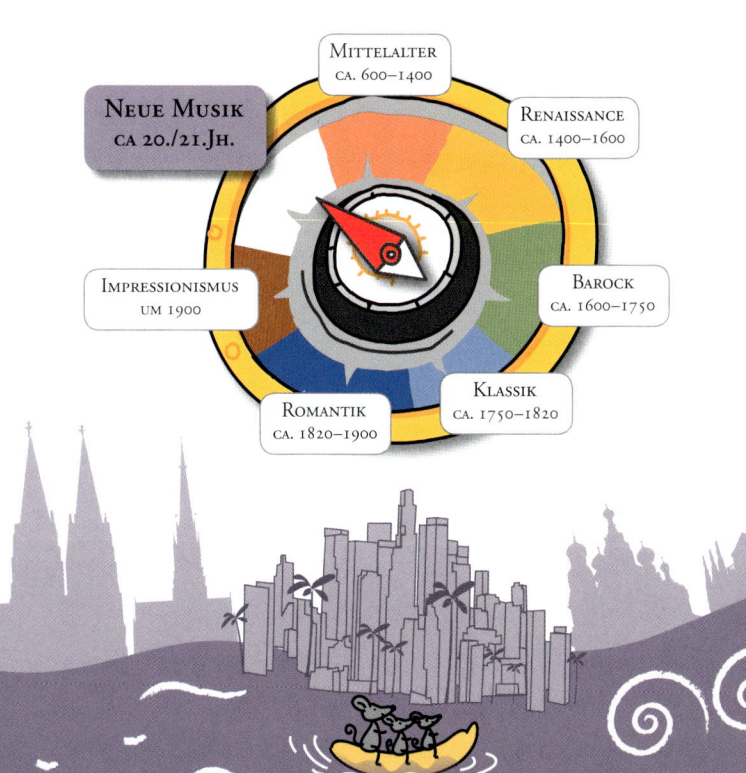

NEUE MUSIK
CA 20./21.JH.

MITTELALTER
CA. 600–1400

RENAISSANCE
CA. 1400–1600

BAROCK
CA. 1600–1750

KLASSIK
CA. 1750–1820

ROMANTIK
CA. 1820–1900

IMPRESSIONISMUS
UM 1900

WICHTIGE
WERKE

Erwartung (Monodram)

Moses und Aron (Oper)

Verklärte Nacht
(Streichsextett)

Gurre-Lieder (Orchesterlieder)

Die Jakobsleiter (Oratorium)

Ein Überlebender aus Warschau
(für Sprecher, Männerchor und
Orchester)

AUS DEM LEBEN VON ARNOLD SCHÖNBERG (1874–1951)

Arnold Schönberg wurde am 13. September 1874 in Wien – im Bezirk Leopoldstadt – geboren. Sein Vater, ein Schuhmachermeister, seine Mutter und die Geschwister Ottilie und Heinrich lebten alles andere als in Saus und Braus. Trotzdem ermöglichten die Eltern ihrem achtjährigen Arnold mit den letzten Groschen den Geigenunterricht.

Mit sechzehn Jahren verließ Arnold vorzeitig die Realschule, um als Angestellter in einer Wiener Privatbank zu arbeiten. Mit dem Geld konnte er nach dem frühen Tod des Vaters die Familie unterstützen. Aber er verabscheute diese Arbeit, und als die Bank Konkurs machte, beschloss er, Musiker zu werden. Bei der Mutter sorgte dies für große Aufregung, denn sie hatte Angst, der Sohn könnte als

Künstler auf die schiefe Bahn geraten. Mit 21 Jahren trat Schönberg dem kleinen Orchester „Polyhymnia" bei. Dessen Dirigent, Alexander Zemlinsky, war ein bedeutender Komponist und zugleich der Bruder von Mathilde, die die erste Frau von Arnold Schönberg wurde. Mathilde und Arnold heirateten 1901. In einem berühmten Werk des „Klangbastlers" Schönberg mit dem wundersamen Titel „Verklärte Nacht" ist diese Liebe gut beschrieben.

Neben dem Komponieren entdeckte Schönberg eine weitere Leidenschaft: die Malerei. Oft porträtierte er sich selbst – in jeder Gefühlslage.

1912 schrieb Schönberg sein Werk „Pierrot lunaire", der „Clown im Mondschein" – ein Werk für Sprechstimme, Klavier, Flöte, Klarinette, Violine und Violoncello. So etwas hatte die Welt noch nicht gehört! Das Stück wurde ein Erfolg, der aber vom Ersten Weltkrieg zunichte gemacht wurde.

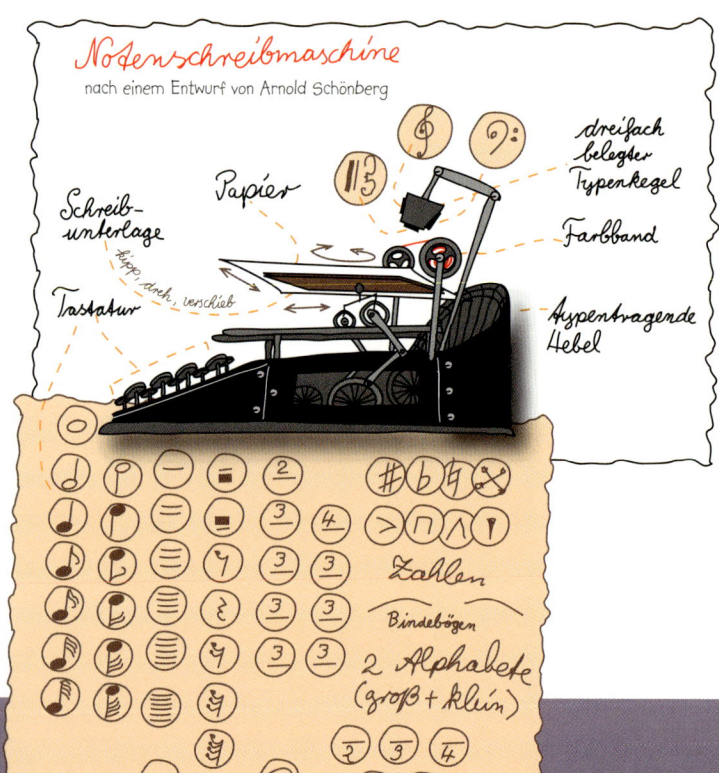

Nach Kriegsende gründete Schönberg im frierenden und hungernden Wien seinen „Verein für musikalische Privataufführungen". Nur neueste Musik wurde da zu Gehör gebracht. Die Stücke spielte man immer gleich mehrmals, damit die Hörer sich an sie gewöhnen konnten. In diese Zeit fällt auch die Entwicklung von Schönbergs Methode, mit zwölf nur aufeinander bezogenen Tönen zu komponieren. Im gleichen Jahr, 1923, starb Mathilde. Große Trauer – und doch beschloss Schönberg im Sommer 1924, die 26-jährige Gertrud Kolisch zu heiraten. Nun konnte er wieder komponieren und hatte sogar Zeit, Foxtrott zu tanzen.

Als Hitler 1933 zum Reichskanzler ernannt wurde, verließ Schönberg mit Frau Gertrud und Baby Nuria Deutschland in Richtung Paris.

Schon im Herbst folgte er einer Einladung als Kompositionslehrer nach Boston, USA. Seine Ankunft in Amerika empfand Schönberg als „Vertreibung ins Paradies". Heimat bot ihm nur seine Familie. Er lebte in Kalifornien, liebte es, mit seinen Kindern Tennis zu spielen, und unterstützte viele Menschen, die aus Europa vor den Nationalsozialisten fliehen mussten.

Arnold Schönberg starb am 13. Juli 1951. Mit seinen Liedern, Streichquartetten, der Oper „Moses und Aron" und den Orchester- und Klavierwerken gehört er zu den wichtigsten Neuerern der Musik in der ersten Hälfte des 20. Jahrhunderts.

ZWÖLFTONMUSIK

1923 gibt Arnold Schönberg seine Methode, mit zwölf nur aufeinander bezogenen Tönen zu komponieren, bekannt. Die so genannte Zwölftonmusik, deren Ausgangspunkt eine Reihe von zwölf Tönen ist, war entwickelt. Alle zwölf Töne (C, Cis, D, Dis, E, F, Fis, G, Gis, A, B, H) sind hier gleichberechtigt. Das bedeutet: Keiner der Töne darf bevorzugt werden und keiner von ihnen soll öfter erklingen als ein anderer. Natürlich darf man die Reihenfolge der Töne für jedes Werk neu wählen. Innerhalb eines Werkes aber müssen sich Melodie und Akkorde – alles, was zu hören ist – aus dieser Reihe ergeben.

Diese Schönberg'sche Methode wurde von vielen Komponisten angewendet. Die drei wichtigsten Schüler Schönbergs waren: Alban Berg, Anton Webern und Hanns Eisler.

Mini-Lexikon

Foxtrott	*beliebter Tanz*
Groschen	*kleines Geld (10-Pfennig- oder 10-Cent-Stück)*
Gulden	*historische Münze*
Polyhymnia	*Muse des Gesangs und Tochter des Zeus*

PRIVATISSIMO

Alex(ander) Zemlinsky beschrieb amüsant, welche Figur sein Schwager Schönberg in dem „Orchesterchen" Polyhymnia machte: „An dem einzigen Cellopult saß ein junger Mann, der ebenso feurig wie falsch sein Instrument malträtierte (das übrigens nichts Besseres verdiente – es war von seinem Spieler um sauer ersparte drei Gulden am so genannten Tandelmarkt in Wien gekauft)."

Schönberg malträtiert sein Cello

Polyhymnia *(eine der neun Musen)*

Schönberg, der begeisterte Schachspieler: Das gewöhnliche Schachspiel mit 64 Feldern genügte Schönberg wohl nicht, denn er entwarf – unter dem Eindruck des Krieges – ein Spiel mit hundert Feldern und fertigte dazu Figuren nach eigener Vorstellung an: König, Tank, Geschütz, Radfahrer, Ingenieur, Unterseeboot, Flieger usw. Die stärkste Figur seines Spiels war der „Flieger", der mit zwei aufeinanderfolgenden Pferdesprüngen jedes Feld bedrohen konnte. Schönberg hat genau beschrieben, welche Funktionen die einzelnen Figuren hatten und wie sich sein Spiel von dem gängigen Schachspiel unterschied.

Koalitionsschach

Artillerie · Tank · Flieger · Radfahrer · König · U-Boot · Ingenieur · Geschütz

Liebesrätsel rund um die Musik

Arnold Schönbergs erste Frau Mathilde war die Schwester des Komponisten Alexander Zemlinsky.
Seine zweite Frau war die Schwester des berühmten Geigers Rudolf Kolisch, Gertrud.
Seine Tochter Nuria heiratete einen italienischen Komponisten.
Aber wie hieß er?

In welcher Stadt wurde Arnold Schönberg geboren?
③ ⑤

Welchen Sport liebte er über alles?
⑥ ⑧

Wohin emigrierte Schönberg mit seiner Familie?
②

Wie heißt ein berühmter Schüler Schönbergs?
Hanns
①

Welches Instrument durfte der achtjährige Arnold erlernen?
Gesucht sind zwei Namen für ein und dasselbe Instrument.
⑦ ⑨
④

Lösungswort:
① ② ③ ④ ⑤ ⑥ ⑦ ⑧ ⑨

Charlotte klappte das Logbuch zu.
„Ganz schön kompliplex", sagte Charlotte. Smutje lachte: „Wenn du Schönbergs Kind wärest, müsstest du dich nicht mit Zwölftonmusik beschäftigen und mit der Gegen-den-Strom-Schwimmerei. Du würdest mit ihm Tennisspielen, und beim Essen würde er dir die von ihm selbst erfundene Geschichte von der nörgeligen Prinzessin erzählen." – „Prinzessin? Das klingt gut", freute sich Charlotte.

„Typisch Mädchen. Meine Lieblingsfigur in der Geschichte ist aber der Diener Wolf", sagte Smutje, sprang auf, ging mit kralligen Händen auf Charlotte zu und sprach mit wolftiefer Stimme: „Beschaff mir was zu fressen oder ich fress mich selbst auf." Smutje packte die kreischende Charlotte und kitzelte und kitzelte.

„Hör auf", japste Charlotte lachend, „hör auf!"

Kapitel 14

„Ist die Soljanka fertig? Herr Schostakowitsch soll gut gekräftigt zu Hause ankommen", sagte Smutje.

„Ich habe die Suppe mehrmals abgeschmeckt,
aber irgendetwas fehlt. Ich weiß nur nicht,
was", murmelte Charlotte vor sich hin.

„Du solltest ihm jetzt trotzdem einen Teller
bringen, denn bald werden wir in Sankt
Petersburg ankommen."

Charlotte nahm die Suppenterrine und ging
damit vorsichtig aus der Kombüse.

Etwa in der Mitte des Ganges – zur Linken – befand sich eine buntbemalte Tür.
Dort klopfte sie an.

„Nur herein, nur herein", rief es von innen.

Charlotte trat ein, grüßte und stellte die Terrine auf einen Tisch.

„Ich hoffe, die Suppe wird Ihnen schmecken", sagte Charlotte und deutete einen kleinen Knicks an.

„Mein Täubchen", sagte Schostakowitsch, „wer will denn hier Ansprüche stellen?
Ich freue mich über eine warme Mahlzeit, bevor ich zurück ins winterliche Russland
komme. Wissen Sie, ich habe Zeiten erlebt, da hat man sich über einen Kanten
hartes Brot gefreut."

„Was für Zeiten waren das?", wollte Charlotte wissen.

„Die Inflationsjahre", erzählte Schostakowitsch, „waren solche Hungerjahre. Das Kilo
Brot kostete 24 000 Rubel! Meine Mutter gab Musikunterricht, um dafür Brot zu
bekommen, und unser Familieneigentum wurde für Lebensmittel verhökert."

„Das klingt ja furchtbar", sagte Charlotte erschrocken.

„Ach wissen Sie, auch die Kälte war so grausam. Sie drang in die Hausmauern und
ging durch bis auf die Tapeten. Wir schliefen in Mänteln und in Galoschen.
Wir lebten nur noch in einem Zimmer, der Küche, da dort der Ofen stand. Wir
rückten alle eng aneinander, wie Ölsardinen, um uns zu wärmen. Die Geistlichen
in der Kirche hielten ihre Gottesdienste in Handschuhen ab und trugen Pelzmäntel
unter ihren Gewändern. Kranke Menschen erfroren. Der Polarkreis war Wirklichkeit

geworden und verlief mitten durch Sankt Petersburg.
Wer konnte da ans Komponieren denken? – Manchmal
ließen mich aber die Gedanken an die Musik auch für
einen Moment die bittere Zeit vergessen."

„Diese Not ist ja unvorstellbar!" An Charlottes Nase
kullerte eine Träne hinunter.

„Das ist lange her, meine Liebe. Aber umso genussvoller
muss man das essen, was für einen gekocht wird. Danke
für die dampfende Suppe."

„Ich würde gerne noch in Ihrem Logbuch lesen. Ist das
möglich?" Charlotte wischte sich verschämt die nassen
Augen.

„Aber natürlich. Hier, bitte sehr. Ich löffle meine Suppe
und warte auf das Signal der Schiffshupe, die mich mit
einer meiner 15 Sinfonien ans Aussteigen erinnern
wird."

Charlotte nahm das Logbuch entgegen, dankte und
verließ die Kajüte. Die Beschreibungen der großen
Armut gingen ihr nicht aus dem Kopf. Charlotte war so
in Gedanken versunken, dass sie sich beinahe an der
Kombüsentür gestoßen hätte. Dann setzte sie sich auf
ihr Fass, atmete tief durch und schlug das Logbuch auf.

MITTELALTER
CA. 600–1400

NEUE MUSIK
CA 20./21.JH.

RENAISSANCE
CA. 1400–1600

IMPRESSIONISMUS
UM 1900

BAROCK
CA. 1600–1750

ROMANTIK
CA. 1820–1900

KLASSIK
CA. 1750–1820

WICHTIGE
WERKE

15 Sinfonien

Opern:
Die Nase
Lady Macbeth von Mzensk

15 Streichquartette

AUS DEM LEBEN VON DMITRI SCHOSTAKOWITSCH (1906–1975)

Dmitri Schostakowitsch, geboren in Sankt Petersburg und liebevoll Mitja genannt, erlebte seine Kindheit in einer politisch sehr turbulenten und umstürzlerischen Zeit. Aber seine Jugend war nicht nur von den politischen Unruhen geprägt, denn in den betuchteren Familien war es üblich, Hausmusik zu machen. So kam Mitja schon sehr früh mit Kammermusik in Kontakt. Im Alter von neun Jahren erhielt er von seiner Mutter, einer begabten Pianistin, Klavierunterricht. Als 1917 die russische Revolution ausbrach, Mitja war gerade elf Jahre alt, hielt er sich mit seinen Freunden gerne auf der Straße auf, beobachtete die Demonstranten und lauschte den politischen Gesprächen. Dabei sah er eines Tages, wie ein junger demonstrierender Arbeiter vor seinen Augen von der Polizei erschossen wurde. Dieses Ereignis erschütterte Mitja zutiefst. Wenige Tage später hörte er auf dem Bahnhof den Reden Wladimir I. Lenins zu und komponierte anschließend die Stücke „Hymne an die Freiheit", „Trauermarsch für die Opfer der Revolution" und „Kleine Revolutionssinfonie".

Schon mit dreizehn Jahren wurde Mitja Student am Konservatorium seiner Heimatstadt. Mit Begeisterung nahm er sein Musikstudium auf – trotz der schwierigen und ärmlichen Lebensbedingungen, die der politische

Wandel mit sich gebracht hatte. Professoren und Studenten saßen in Mänteln mit Schals und Handschuhen an ihren Instrumenten. Auf der Straße hörte man nun die Menschen sagen: „Wir leben gerade von unserem Flügel."

Tatsache war: Durch die Rationierung von Lebensmitteln standen den Einwohnern nur vier Löffel Zucker im Monat zu. Und es kam vor, dass die Suppen in den Garküchen aus Rattenfleisch zubereitet wurden. Als im Februar 1922 – Mitja war sechzehn Jahre alt, seine große Schwester Marusja neunzehn und Soja dreizehn – der Vater plötzlich erkrankte und kurz darauf starb, befand sich die Familie neben der unendlichen Trauer auch am existenziellen Abgrund. So beschloss Mitja im folgenden Jahr, sein Studium „auf Eis zu legen" und in einem Stummfilmkino als Pianist zu arbeiten.

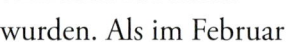

Dass er später einer der wichtigsten Komponisten des 20. Jahrhunderts sein würde, der große Opern wie „Die Nase" oder „Lady Macbeth von Mzensk", jede Menge Kammermusik und 15 Sinfonien schreiben sollte, konnte er sich damals kaum vorgestellt haben.

FILMMUSIK

Die Geschichte des Films ist über hundert Jahre alt. Erste Kurzfilm-Vorführungen fanden in Jahrmarktsbuden und Caféhäusern statt. Erst später entstanden Filmvorführräume und Kinos.

Die frühen Filme gaben die Handlung nur durch das Bild und ohne Ton wieder. Deshalb nannte man diese Art des Films „Stummfilm" (etwa 1900 bis 1930). Da man die Schauspieler nicht reden, die Autos nicht fahren und den Regen nicht tropfen hörte, wünschte man sich neben dem Augenschmaus doch etwas für die Ohren. In vielen Kinos saßen deshalb unterhalb oder neben der Leinwand Pianisten. Sie betrachteten die Bilder, die sie schon längst auswendig kannten, und improvisierten dazu oder machten passende Geräusche. Nur die allergrößten Kinos besaßen eine Kinoorgel oder gar ein Salonorchester, um Musik zu den „laufenden Bildern" zu spielen. Es gab auch Komponisten, die eigens für diese Stummfilme Musik schrieben.

Als um 1930 der Tonfilm den Stummfilm ablöste, kam die Geburtsstunde der Filmmusik. Genau passend zu jeder Situation und jeder Szene im Film komponierten die Tonsetzer jetzt ihre Musik. Diese wurde mit Orchester oder später Synthesizer aufgenommen und dann auf der so genannten Tonspur zum Bild eingespielt. Heute kann man die Filmmusik von beliebten Filmen meistens auf CD kaufen: den so genannten Soundtrack.

Dmitri Schostakowitsch musste erst eine Prüfung ablegen, um als Kinopianist arbeiten zu dürfen. Das fiel ihm jedoch nicht schwer, denn er war ein ausgezeichneter Klavierspieler. – Einmal brannte es sogar im Kino, aber Schostakowitsch spielte weiter, um unter den Zuschauern keine Panik entstehen zu lassen. Er spielte, bis das Feuer gelöscht war. Schostakowitsch liebte den Film und komponierte eine ganze Reihe von Filmmusiken.

Ohrenschmaus

Augenschmaus

Mini-Lexikon

Demonstranten	*Teilnehmer einer Kundgebung*
Galoschen	*Gummiüberschuh für nasses, kaltes Wetter*
improvisieren	*Musik frei erfinden und mit Phantasie spielen*
Inflationsjahre	*Jahre der Geldentwertung*
Lebensmittel-rationierung	*begrenzte Ausgabe von Essen*
Wladimir I. Lenin	*russischer Politiker (1870–1924)*
Revolution	*Sturz der bestehenden Regierung*

CARUSOS
KLEINE KNOTENKUNDE

STOPPERSTEK

PRIVATISSIMO

Taufe und Namensgebung von Klein-Schostakowitsch:
Ein Säugling lag friedlich in seiner Wiege, ohne etwas von der Aufregung und Fröhlichkeit um ihn herum zu ahnen. Um drei Uhr kamen der Priester und sein Begleiter. Das Taufbecken stand in der Mitte von Vater Dmitris Arbeitszimmer, und die Familie versammelte sich für die Feier. Auf die Frage, welchen Namen die Eltern dem Sohn geben wollten, antworteten sie: „Wir möchten ihn Jaroslaw nennen." Aber der Priester fand, dass dieser Name nicht ginge, weil man daraus keinen Kosenamen bilden könne. Also taufte er den kleinen Mann auf den Namen Dmitri – mit der Begründung, dass dies der Name des Vaters sei und zudem viel besser klänge.

Als Mitjas Mutter ihren kleinen Sohn dem bekannten Klavierpädagogen Ignacy Glasser mit den Worten vorstellte: „Ich bringe Ihnen, wie es scheint, einen ungewöhnlichen Jungen", erwiderte Glasser: „Welche Mutter hält ihren Sohn schon für einen gewöhnlichen Jungen?"

Russisches Matrjoschka-Rätsel

Matrjoschkas sind bunt bemalte und ineinander schachtelbare Holzpuppen, die aus Russland stammen.
Gesucht wird in diesem Matrjoschka-Rätsel der Name einer Sinfonie von Schostakowitsch, die genau so heißt
wie eine russische Stadt, die im Zweiten Weltkrieg von der Deutschen Wehrmacht über Monate belagert wurde.
Viele Einwohner dieser Stadt sind während der Belagerung vor Hunger gestorben.

Was ist ein Soundtrack?

Wo ist Schostakowitsch geboren?

Was brach 1917 in Russland aus?

Welchen revolutionären russischen Politiker hörte Schostakowitsch live reden?

Auf welchem Instrument wurden Stummfilme begleitet?

Wie viele Sinfonien komponierte Schostakowitsch?

E

Lösungswort:

D

Teesud

heißes Wasser

Samowar

Charlotte klappte das Logbuch zu.
„Was für ein hartes, aber auch schönes Leben hatte Schostakowitsch!"
Nachdenklich sah Charlotte durch das Bullauge hinaus. „Die Zeiten, in
denen er lebte, waren so turbulent, dass seine Stadt gleich mehrmals den
Namen wechselte", erzählte Smutje. „Wie soll ich das verstehen?" – „Na, erst
hieß Sankt Petersburg Sankt Petersburg", erklärte Smutje, „dann Petrograd
und dann Leningrad. Heute heißt die Stadt wieder Sankt Petersburg."
„Ich möchte heute Anastasia heißen", kicherte Charlotte, „aber morgen bitte wieder Charlotte."
„Wenn es weiter nichts ist und du die Namensänderung nicht mit einer Küchenrevolution
oder mit Abwaschverweigerung verbindest, dann bitte: Anastasia", sagte Smutje lächelnd.

Kapitel 15

„Es war einmal ein Smutje, der liebte seine Kochtöpfe so sehr, dass er vergaß, über deren Rand hinauszusehen", trällerte Charlotte vor sich hin.

„Was meinst du damit?", fragte Smutje irritiert.

„Ich meine, dass du vor lauter Kochen und Backen und Rühren und Kneten nicht bemerkst, dass ich Blumen auf den Tisch gestellt, dass ich Fotos aufgehängt und die Fenster geputzt habe", rief Charlotte.

Jetzt erst sah Smutje die geschmückte Küche und errötete. „Warum denn diese Feierlichkeit? Hab ich was vergessen?"

„Nein, nicht direkt", antwortete Charlotte, „aber genau vor einem halben Jahr hast du mich aus dem Wasser gerettet."

„Ach so", sagte Smutje fast enttäuscht, „ich dachte, es gäbe was zu feiern."

Charlottes Augen wurden feucht: „Ich wollte … " Weiter kam sie nicht.

„Herr Henze in Kajüte 26 wünscht zur Stärkung noch Tagliatelle an Zuckerschoten – er schätzt die vegetarische Küche. Würdest du ihm das bitte bringen?", fragte Smutje.

Charlotte schluckte und sagte gereizt: „Bitte sehr, bitte gleich", und verschwand aus der Kombüse.

An der schlichten weißen Tür mit der Nummer 26 klopfte sie.

„Herein!", rief eine Männerstimme. Charlotte trat ein, grüßte und stellte das Tablett ab. Henze musterte sie und sagte dann: „Sie sehen bedrückt aus."

„Nein", antwortete Charlotte schnell. „Es ist nur …", sie stockte, „Smutje …"

„Aha, Liebeskummer", schmunzelte Henze.

Charlotte guckte zu Boden.

„Liebe und Zuneigung sind ein Geschenk. Soll ich Ihnen von der Liebe zu meiner Schwester erzählen?" Charlotte blickte hoch und nickte.

„Es war im Herbst 1952", Henze schaute aus dem Bullauge, „bei einer Tagung. Da erschien Inge, eine elfenhafte Erscheinung mit schönen großen Augen und zitternden Lidern, wunderbaren Händen, ein Mensch von Grazie und Charme, wie von der Nachtigall geboren."

Charlotte fragte erstaunt: „Warum haben Sie Ihre Schwester erst so spät kennen gelernt?"

Henze lachte: „Inge war nicht meine richtige Schwester. Sie war mein armer kleiner Engel, liebliche Doktorin, Ingibingi, Wildente und Ingebach. Aber eigentlich war sie Ingeborg Bachmann, eine große Schriftstellerin, die ich sehr verehrt habe und immer noch verehre. Wir haben zusammengearbeitet. Sie schrieb Texte für meine Kompositionen und war wie meine geistige große Schwester. Obwohl nur sechs Tage älter als ich, aber ihr Wissen um die Welt, um die Menschen, um die Dinge der Kunst übertraf das meine um zweitausend Jahre."

Charlotte war stumm.

„Sie werden der Liebe auch begegnen – so oder so. Oder sind Sie es schon? Es soll auch Lieben geben, die ausgezeichnet kochen ... Liebe geht schließlich durch den Magen."

Ein Lächeln huschte über Charlottes Lippen.

„Sie lächelt, sie lächelt!", freute sich Henze, „Es lebe die Liebe!" Er gab Charlotte sein Logbuch. „Ich werde nun packen und auf die Schiffshupe warten. Auf ihr tiefes Tuten. Ohne Melodie – einfach Tuten."

„Vielen Dank, vielen Dank und alles Gute für Sie!", rief Charlotte eilig, und dann schien es, als tanzte Charlotte aus der Kajüte – leicht, wie mit Schmetterlingen im Bauch.

NEUE MUSIK
CA 20./21. JH.

MITTELALTER
CA. 600–1400

RENAISSANCE
CA. 1400–1600

IMPRESSIONISMUS
UM 1900

BAROCK
CA. 1600–1750

ROMANTIK
CA. 1820–1900

KLASSIK
CA. 1750–1820

WICHTIGE WERKE

Opern:
Der junge Lord
König Hirsch
Die Bassariden
Pollicino

Das Floß der Medusa
(Oratorium)

10 Sinfonien

Kammermusik

AUS DEM LEBEN VON
HANS WERNER HENZE (1926)

Hans Werner Henze

Der kleine Hans Werner wurde am 1. Juli 1926 in Gütersloh geboren. Sein Vater war Volksschullehrer und die Mutter Sekretärin. Der Papa liebte Tiere über alles. Ungeachtet der Proteste seiner Frau hielt er sich riesige Doggen und einige Lachtauben, die auf seiner Hand saßen. Er spielte auch wunderbar Ziehharmonika. Das musikalische Talent hat der kleine Hans Werner also vielleicht von ihm geerbt. Der Vater war es auch, der ihm das „Notenbüchlein für Anna Magdalena Bach" schenkte, aus dem Hans Werner so oft übte, bis er die Stücke auswendig

konnte. Noch heute, so erzählt Henze, beginnt für ihn oft ein Kompositionstag, indem er ein wenig Bach spielt.

Die kleinen Jungen lasen damals ähnlich Bücher wie heute: „Das Dschungelbuch", „Pinocchio" oder „Doktor Dolittle". Später, als Henze die Oper „König Hirsch" (1952–1955) komponierte, griff er auf seine Kindheitserinnerungen beim Lesen des „Dschungelbuches" und auf indische Märchen zurück.

Die Kindheit von Hans Werner war jedoch nicht nur von Johann Sebastian Bach und märchenhaften Phantasien geprägt, sondern vor allem durch das Herannahen und Ausbrechen des Zweiten Weltkrieges.

Hans Werner wurde zum Panzerfunker ausgebildet und anschließend in den Krieg geschickt. Mehrere Monate war er Kriegsgefangener. Die Kriegserlebnisse haben ihn und sein Werk sehr geprägt.

Nach dem Krieg arbeitete er als Transportarbeiter. Da das Geld aufgrund der Inflation nichts wert war, wurde mit englischen Zigaretten bezahlt. In dieser Zeit wurde Henze auch das ganze erschreckende Ausmaß des Krieges bewusst. Er schreibt über seine damaligen Gedanken:

„Mir war deutsche Kunst, besonders die bürgerliche, vaterländische des 19. Jahrhunderts und frühen 20., unerträglich und suspekt geworden. Ich konnte und wollte einstweilen nichts mehr davon wissen, nichts mehr sehen und hören von deutschen Wäldern, von der deutschen Seele, der verkommenen. Etwas war nicht mehr gut zu machen."

Henze begann sich mit der Zwölftonmusik von Arnold Schönberg zu beschäftigen und seinen eigenen Kompositionsstil zu entwickeln. Heute bekommt er Lehraufträge als Komponist aus der ganzen Welt. Er komponierte unter anderem Sinfonien, Opern (darunter „Der junge Lord", „Die Bassariden" und die Kinderoper „Pollicino")

und Kammermusik. Henze führt bei seinen Musiktheaterwerken oft selbst Regie. Seit 1953 lebt er in Italien. Als seine Hobbys gibt er Dichtung und Botanik an.

MUSIK UND POLITIK

Hans Werner Henze ist ein politischer Mensch, der seine Kunst auch politisch einsetzt. Er ist kein Künstler der – wie man so schön sagt – abseits von der Welt in einem „Elfenbeinturm" sitzt und schreibt. Ihn interessieren die Menschen und ihre Geschichten. Es gibt eine Komposition von Henze, die ein sehr gutes Beispiel für „politische Musik" ist: „Das Floß der Medusa" – ein Oratorium für Sopran, Bariton, Sprechstimme, gemischten Chor und Orchester. Der Text stammt von Ernst Schnabel.

Berichtet wird von dem Schiff „Medusa", das 1816 vor Senegal Schiffbruch erlitt. Einer der wenigen Überlebenden hat darüber Tagebuch geführt und dies wenig später in Paris veröffentlicht. Das Tagebuch wurde schnell verboten, denn: In diesem Buch beschreibt der Überlebende, dass der Kapitän, die Offiziere, Regierungsbeamte und Priester, die auf dem Schiff mitgefahren waren, sich in die Beiboote retteten. Die 300 Seeleute, Soldaten und viele Frauen und Kinder ließen sie jedoch auf einem klapprigen Floß zurück, ohne ihnen Hilfe zukommen zu lassen. Fast alle, die auf dem Floß waren, kamen um.

„Das Floß der Medusa" ist ein politisches Werk – zum einen durch seinen Text, der die Ungerechtigkeit der Reichen gegenüber den Armen und Hilflosen schildert; zum anderen, weil es einem der berühmtesten Revolutionäre des 20. Jahrhunderts gewidmet ist: dem kubanischen Guerilla-Führer und Politiker Che Guevara.

Am Rande sei noch erwähnt, dass die Uraufführung 1968 in Hamburg von der Polizei mit Gewalt abgebrochen wurde, weil eine rote Fahne am Podium montiert worden war und man kommunistische Anhänger im Publikum vermutete. Henze schreibt in seinen Erinnerungen:

„Ernst Schnabel (...) wird von einem Polizisten durch eine Glastür geworfen und landet voller Glassplitterwunden im Knast wegen Widerstands gegen die Staatsgewalt. Er hatte versucht den Knüppelnden Einhalt zu gebieten. Die rote Fahne wurde in Stücke gerissen."

Mini-Lexikon

LIEBESKNOTEN

Botanik	*Pflanzenkunde*
Che Guevara	*kubanischer Arzt, Revolutionär und Politiker (1928–1967)*
Kommunismus	*Lehre (bezogen auf die Theorie von Karl Marx, Friedrich Engels und Wladimir I. Lenin) mit dem Ziel, dass alle Menschen in einer herrschafts- und klassenfreien Gesellschaft leben*
rote Fahne	*Symbol für den Kommunismus*

PRIVATISSIMO

„Einmal war ich bei meinem Jugendfreund Adalbert Rang zum Abendessen eingeladen. Es gab etwas Besonderes: ein Rebhuhn. Mutter Rang sagte beim Tranchieren der Leiche: ,Hans Werner ist unser Gast, deswegen bekommt er das Herz.' Gottlob ist es mir gelungen, das Vogelherz unbemerkt vom Teller in die Hosentasche zu bugsieren, denn ich ekelte und ängstigte mich schon damals vor dem toten Fleisch."

Freundschaftliche Umarmung

Wer das Rätsel löst, erfährt den Namen einer langjährigen, sehr guten Freundin von Hans Werner Henze. Sie ist im Übrigen auch eine bekannte Dichterin.

Welcher Komponist war für den kleinen und großen Hans Werner wichtig?

Wie heißt eine Kinderoper von Hans Werner Henze?

Wem ist das „Floß der Medusa" gewidmet?

Wo fand die Uraufführung dieses Oratoriums statt?

In welchem Land lebt Henze seit 1953?

Lösungswort:

„Und – wie war es bei Hans Werner Henze?", fragte Smutje und stellte sich dicht vor Charlotte.

„Schön", antwortete Charlotte, „und wenn ich ihn recht verstanden habe, dann gibt es unzählige Varianten von Liebe – so viele wie Kartoffelsuppen in Kochbüchern. Und man wartet, bis sie einem geschenkt wird."

„Kartoffelsuppe? Geschenke?" Smutje guckte irritiert.

Nach einer kleinen Pause plinkerte Charlotte und sagte leise: „Ich würde mit dir gerne Kartoffelsuppe kochen."

„Wenn's weiter nichts ist", sagte Smutje.

Da trat Charlotte ihm auf die Zehen.

Sachregister

Lösungen zu den Rätseln

S. 15 ....Religion und Medizin

S. 21 ....Michelangelo

S. 27 ....Claudio Monteverdi

S. 32 ....*Almira, Königin von Kastilien* – 1704; *Agrippina* – 1709; *Radamisto* – 1720; *Julius Cäsar* – 1724;
Alcina – 1735; *Deidamia* (letzte Oper) – 1740

S. 33 ....*Feuerwerksmusik*

S. 39 ....Ranieri Calzabigi

S. 45 ....Nikolaus von Esterházy

S. 49 ....*Erlkoenig*

S. 51 ....Sehnsucht

S. 57 ....Arnold Schönberg – Streichsextett *Verklärte Nacht*; Richard Strauss – *Till Eulenspiegel*;
Ludwig van Beethoven – *Wellingtons Sieg*; Bedřich Smetana – *Die Moldau*;
Antonio Vivaldi – *Vier Jahreszeiten*; Modest Mussorgski – *Bilder einer Ausstellung*

S. 63 ....*Macbeth* – 1847; *Luisa Miller* – 1849; *Rigoletto* – 1851; *La Traviata* – 1853; *Simone Boccanegra* – 1857;
Ein Maskenball – 1859; *Don Carlos* – 1867; *Aida* – 1871; *Otello* – 1887; *Falstaff* – 1893

S. 69 ....*Blaubart*; *Pariser Leben*; *Die schöne Helena*; *Orpheus in der Unterwelt*

S. 75 ....Richard Wagner

S. 81 ....Taktstock

S. 87 ....Luigi Nono

S. 93 ....Leningrad (Leningrader Sinfonie)

S. 98 ....Ingeborg Bachmann

Rupertsberg bei
Bingen

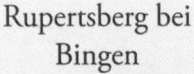

Rom

Halle / Saale

Paris

Neapel

Schloss Esterházy
in Eisenstadt

Wien